A RESEARCH ON THE EVALUATION OF
THE IMPLEMENTATION OF
THE NEW TYPE OF RURAL SOCIAL ASSISTANCE SYSTEM

宝安区委党校学术文丛

李 勇 胡雨青 主编

新型农村社会救助制度的实施效果评价研究

刘 敏 ◎著

社会科学文献出版社
SOCIAL SCIENCES ACADEMIC PRESS (CHINA)

摘　　要

社会救助作为社会保障制度的子系统之一，是社会保障这个安全网的最后一道防线，在社会保障体系中居于基础性的地位。建立和完善作为"最后一道安全网"的社会救助制度，符合实现"和谐社会"的总体要求，是进一步推进经济体制改革，维护人权，实现社会公正和建立健全社会保障体系的需要。受传统城乡二元化社会结构的影响，我国农村地区的社会保障制度建设一直滞后，农村社会救助制度尤甚，这显然不利于我国城乡一体化发展与社会的和谐。现代社会，社会救助成为国家的一项基本责任，而完备的制度设计是一个国家履行好这一责任的基础与前提，也是社会得以良性有序运行的重要条件。因此，科学评价我国新型农村社会救助制度的实施效果，对于推进我国农村社会救助制度的完善，具有十分重要的理论与实际意义。

本书在分析整理社会救助理论和我国新型农村社会救助制度实施状况的基础上，以覆盖面、受益度和满意度为主要评价指标，通过对湖南省长沙、郴州、邵阳三地的农村社会救助实施情况的抽样调查，分析了当前新型农村社会救助制度的实施效果及其影响因素，并就进一步完善农村社会救助制度提出了具体构想。

本书的研究结论如下。在覆盖率方面，农村最低生活保障的覆盖率目前已经完全达到国际通行的当地人口总量的5%的标准；农村医疗救助体系的覆盖率近几年来也得到了快速的发展，新农合的参合率、医疗救助的救助率均有了质的突破；农村临时救助的救助率偏小。在受益度方面，农村居民对农村最低生活保障和农村临时救助的评价不高，而对农村医疗救助的评价较高，大多数农村居民认为新农合能基本满足其基本医疗需求、医疗救助对解决贫困群众就医难作用较大。在满意度方面，农村居民对农村最低生活保障制度和农村医疗救助制度的满意度均较高，对农村临时救助的满意度偏低。影响最低生活保障效果的因素有救助标准、低保对象的瞄准率、低保制度的管理体制；影响医疗救助效果的因素有救助对象的瞄准率、保障范围、医疗救助管理体制；影响临时救助效果的因素有救助标准、救助对象的瞄准率、临时救助管理体制。

要完善新型农村社会救助制度，在农村最低生活保障制度方面，一要科学合理地确定救助标准与救助对象；二要加大财政投入力度，完善财政补助制度；三要创新最低生活保障制度的管理体系；四要制定和落实与农村最低社会保障相配套的救助政策。在农村医疗救助制度方面，一要尽快制定相关法律，确保农村医疗救助顺利实施；二要加大农村医疗救助资金投入力度，拓宽农村医疗救助筹资渠道；三要扩大医疗救助覆盖面，提高农村医疗救助水平；四要设立医疗救助政策管理的专门部门，实行多部门协同合作的医疗救助管理体制。在农村临时救助制度方面，一要构建政府主导、民政主管、部门协作、社会参与的长效机制；二要创新管理，构建科学有效的临时救助运作机制；三要多渠道、多途径确保临时救助资金的来源，构建科学有效的临时救助筹资机制；四要丰富和拓展临时救助的内容和方式，构建切实可行的临时救助工作模式。

目 录

第一章 绪论 ··· 1
　第一节　问题的提出 ·· 1
　第二节　研究综述 ··· 3
　第三节　研究意义 ·· 17
　第四节　研究内容 ·· 24
　第五节　研究设计 ·· 25

第二章 社会救助的理论基础 ··· 33
　第一节　贫困理论 ·· 33
　第二节　风险社会理论 ·· 41
　第三节　社会支持理论 ·· 44
　第四节　社会分层与社会流动理论 ·································· 50
　第五节　可持续发展理论 ··· 55
　第六节　福利经济学理论 ··· 59

第三章 新型农村社会救助制度实施效果的评价指标体系 ······ 63
　第一节　覆盖率 ··· 64

第二节　受益度 …………………………………………… 67
　　第三节　满意度 …………………………………………… 69

第四章　农村最低生活保障制度的实施效果 …………………… 74
　　第一节　农村最低生活保障制度的实施状况 …………………… 74
　　第二节　农村最低生活保障制度的覆盖率 …………………… 84
　　第三节　农村最低生活保障制度的受益度 …………………… 89
　　第四节　农村最低生活保障制度的满意度 …………………… 95
　　第五节　农村最低生活保障制度实施效果的影响因素分析 … 99

第五章　农村医疗救助制度的实施效果 ……………………… 105
　　第一节　农村医疗救助制度的实施状况 ……………………… 105
　　第二节　农村医疗救助制度的覆盖率 ………………………… 110
　　第三节　农村医疗救助制度的受益度 ………………………… 113
　　第四节　农村医疗救助制度的满意度 ………………………… 117
　　第五节　农村医疗救助制度实施效果的影响因素分析 ……… 122

第六章　农村临时救助制度的实施效果 ……………………… 127
　　第一节　农村临时救助制度的实施状况 ……………………… 127
　　第二节　农村临时救助制度的救助率 ………………………… 129
　　第三节　农村临时救助制度的受益度 ………………………… 132
　　第四节　农村临时救助制度的满意度 ………………………… 135
　　第五节　农村临时救助制度实施效果的影响因素分析 ……… 138

第七章　研究结论与政策建议 ………………………………… 144
　　第一节　研究结论 ……………………………………………… 144

第二节　政策建议 …………………………………………… 146

参考文献 ………………………………………………………… 158
附录　新型农村社会救助制度实施效果调查问卷 …………… 169
后　记 ………………………………………………………… 177

第一章 绪论

第一节 问题的提出

纵观古今中外的历史，我们都可以发现：在各个历史时期每一个国家总会有一部分社会群体过着比同时期的其他群体更加困窘的生活，在社会结构的边缘和底层苦苦挣扎着。与此同时，或者出于对弱势群体的恻隐之心，或者本着对人权的尊重，或者出于维护社会正常秩序的需要，对贫困者进行救助的赈济活动和慈善事业，从原始社会末期开始就一直未曾停止过。翻开古今中外的救助史，我们不难发现：历史上社会转型时期，往往也是弱势群体问题凸显时期，这一时期弱势群体问题常常成为社会风险的根源所在，民富则国富，民强则国强，所以在这样的时期社会救助得当与否就成为社会变迁成败的重要因素之一。压力也是动力，挑战中孕育着机遇，转型时期因而也往往成为社会救助制度的重要创新时期。在西方，英国工业革命时期，为解决因圈地运动而造成的大量失地农民的生计问题，英国政府颁布了在世界社会救助的历史上具有里程碑意义的《济贫法》。《济贫法》规定由国家直接出面接管或兴办慈善事业、救济贫民。《济贫法》第一次以法律的形式确定了国家（政府）对弱势群体的责任和义务，开启了社会救助制度之先河。20世纪30年代经济大萧条期间，为有效化解大量贫困现象可能带来的社会风险，促进国民经济的恢复和发展，美国制定了其历史上第一部《保障法》，着力构建覆盖全体居民的社会保障体系；而英国则废除了已经实施三百多年的《济贫法》，代之以新的公共援助制度，现代社会救助制度由此而诞生。社会救助理念由原来的恩惠慈善观转变为国民权利、政府责任观；救助行动不再仅仅是教会、私人和地方政府的自发行为，更是各级政府的重要职能，成为政府的自觉行为。在中国，1949年中华人民共和国的成立无疑是一场社会大转型和大变迁，面对旧政权遗留下来的物质贫乏、物价飞涨、社会动荡等大量社会问题和社会的巨变、转型导致的弱势群体问题凸显的情况，中国共产党在中华人民共和国成立后不久，就结合我国当时实际，颁布一系列法规，初步确立了新中国的社会救助制度。[①]这一制度，在促进国民经济的恢复和发展，维护当时社会稳定，巩固新生的政权方面发挥了重大作用。由此可见，社会救助在社会转型时期起着举足轻重的作用，当然其实施中所表现出来的一些不足也成为后世对社会救助制度加以改进和完善的重要借鉴。

十一届三中全会召开后，我国进入了改革开放的新时期。改革开放的全方位推进意味着我国进入一个新的社会转型期。改革开放的初期，我国在经济快速发展的同时也缓解了部分社会问题，社会经济良性发展、社会秩序较安定。然而随着改革开放的深入，我国社会运行形势出现了变化：在我国经济高速发展的同时，社会矛盾和社会问题也日渐凸显——两极分化严重、贫富差距悬殊、城乡差

---

① 这些社会救助制度主要包括1950年6月政务院制定的《救济失业工人暂行办法》，1952年5月政府内务部颁布的《关于生产救灾工作领导方法的几项指示》，1953年内务部制定的《农村灾荒救济粮款发放使用办法》等。

距越来越大，出现了经济发展与社会发展不协调的局面。社会问题需要相应的社会政策加以解决，为了适应新的社会发展形势，我国提出了建立和谐社会的发展战略。在原有社会保障制度的基础上，开始着手探索建立适应新的时代需求的社会保障制度。经过20多年的探索、发展与规范，目前，我国在城镇基本建成了比较完善的社会保障体系。然而，受制于我国传统的城乡二元化的社会结构，农村地区的社会保障制度建设严重滞后，这显然不利于我国城乡一体化发展与社会的和谐。因此，近年来我国政府加强了对农村社会保障制度的构建。社会救助是社会保障体系的基本构成部分，是专门针对弱势群体而设定的一套制度，在社会中起到"兜底"的重要作用。而社会中最需要进行救助的群体，就是最弱势的群体。因此，从这种意义上来说社会救助是社会保障体系中最重要，也是应该最先建立的部分。从发展过程来看，我国农村社会救助体系建设在近年取得了较快发展，从农村最低生活保障制度到农村医疗救助制度再到农村临时救助制度等，救助的种类日趋多样、受益的人群日益增多、体制机制日趋完善。现代社会，社会救助成为国家的一项基本责任，而完备的制度设计是一个国家履行好这一责任的基础与前提，也是社会得以良性有序运行的重要条件。因此，分析当前我国农村社会救助制度的实施效果，探究实施效果的影响因素从而推进我国农村社会救助制度的完善意义重大。

第二节　研究综述

一　国外研究现状述评

西方各国学者从理论和实践两个方面对社会救助问题进行了深

入的研究。总的来看，西方学者们研究社会救助采取的路径是：先对贫困问题进行探究分析，再在此基础上针对各个国家特定时期的具体情况展开理论和对策性的研究。

关于贫困问题，近现代以来，国外学者从不同角度对贫困的形成原因进行了探究。经济学方面的观点，主要有马尔萨斯的土地报酬递减论、纳克斯的贫困恶性循环论、纳尔逊的低水平均衡陷阱论、莱本斯坦的临界最小努力理论、舒尔茨的人力资本理论等。[1]社会学方面的观点主要有马克思的贫困结构论、甘斯的贫困功能论、刘易斯的贫困文化论、瓦伦丁的贫困处境论、约瑟夫的剥夺循环论、弗里德曼的个体主义贫困观等,[2]此外还有英格尔斯的个人现代性、布劳的不平等和异质性理论、撒列尼关于不平等的制度主义理论等对贫困的成因进行了探究。[3]关于贫困的责任问题，在1601年英国《济贫法》颁布之前，人民普遍认为贫困是个体自身的原因，而在现代社会，人民则把贫困的成因更多地归因于社会因素，即贫困虽然可能有个体的原因，但个体以外的因素对贫困的形成产生越来越重要的影响。[4]马克思从贫困群体的社会地位弱势特征角度提出"贫困者需要国家进一步保护"。马克思在《路易·波拿巴的雾月十八日》中分析19世纪中叶的法国农民时说道："他们利益的同一性并不使他们彼此间形成共同关系，形成全国性的联系，形成政治组织，就这一点而言，他们又不是一个阶级。"[5]因此，他们不能以自己的名义来保护自己的阶级利益，他们不能代表自己，一定要别人来代表他们。他们的代表一定要同时是他们的主宰，是高高站在他们上面的权威，是不受限制的政府权力，这种权力保护他们不受其他阶级侵犯，并从上面赐给他们雨水和阳光。[6]19世纪末期，英国学者郎特里将贫困划分为两类：初级贫困和次级贫困。郎特里两类贫困的区分对于深化人民对贫困内涵的理解具有重要的意义,使得贫困内涵由原来的单纯物质缺乏扩大到社会关系的有限与社会参与的不足,由原来的物质福利领域扩大到非物质福利领域,由原来物质剥夺的范畴扩大到了社会剥夺的范畴,并进而发展为社会排斥理论。[7]他在调查约克城贫民状况后,提出"贫穷文化"的理论,认为贫穷的原因,不在于其个人或家庭,而在于社会,济贫并不是一种施舍、慈善或恩惠,而是国家的责任,理应由政府来办理济贫工作。[8]阿马蒂亚·森认为:"饥饿是指一些人未能得到足够的食物,而非现实世界中不存在足够的食物,是权利的不足。"[9]一个人避免饥饿的能力依赖于他的所有权,以及他所面对的交换权利映射。饥饿产生的两种可能性是:第一,个人的所有权不足导致其无法对应或交换足够的食物;第二,交换权利映射出现问题(食物短缺),导致交换权利下降或恶化出现饥饿。个人交换权利不足可能有个体自身的原因,但交换权利映射出现问题则属于社会性因素,无论属于哪种因素,阿马蒂亚·森都认为:"交换权利不仅仅依赖于市场交换,而且还依赖于国家所提供的社会保障。"所以,贫困不仅仅是经济发展的问题,更重要的是国家通过相关制度来保障公民维持基本生活的权利。[10]

关于社会救助的具体理论和对策性研究。社会学家米勒和罗比认为贫困问题的本质是社会不平等(最主要的是收入分配的不平等)。为实现收入分配的公平,政府应从税收、公共支出和公共管制三个方面着手。[11]而罗伯特小兰普曼在《新帕尔格雷夫经济学大辞典》中指出:"相对于政府支出而言,税收制度对于调整居民收入分配差距作用甚微,这主要是因为税收在'劫富'——调节高收入方面有效,但在'济贫'——救助低收入方面却效用不大。"[12]因此,要有效地化解收入分配差距的矛盾,除了税收政策外,还需要包括社会保障支出、义务教育支出与反贫困支出等在内的公共支出加以补充方能奏效。Eardley等对经合组织（OECD）24个国家的社会救助情况做了较详尽的比较研究，研究的内容涉及社会救助的结构、标准、人数以及救助支出和管理等方面。[13]后来，在此基础上经合组织又连续三年对8个成员国的社会救助情况进行了比较研究，研究的内容主要涉及社会救助的结构与标准的合理性、长期福利依赖的预防以及如何实现社会救助政策与劳动力市场政策的有效整合。[14]Saraceno通过对欧洲13个都市的社会救助对象加入和退出社会救助的整个历程的考察研究，对民众福利依赖的原因做出了一定的解释。[15]此外，Subbarao等在回顾梳理发展中国家与转型国家的社会救助和扶贫计划的基础上，分析了这些国家所实施的政策之优劣长短，提出了一些可供借鉴的成功范例。[16]世界银行则根据其资助的项目情况，对欧洲、亚洲转型国家的社会保障政策（特别是社会救助制度的重构策略）进行了研究。[17]

关于各个国家具体的社会救助制度。对于发达国家而言，"农村人口的比例大都不足10%，且从严格意义上讲，现代化的农业生产方式已经演变成农场主一个人形式，家庭合伙形式，家庭式有限责任公司形式"。[18]因此，西方发达国家的城乡社会救助差距并不明显，各国都普遍实施了统一的社会救助制度。其中，英国是世界上最早通过立法建立社会救助的国家。目前英国已经形成了比较健全的社会救助制度，社会救助的项目主要包括如下几项。①基本收入维持。该项目的对象是收入低于政府规定的贫困线的家庭。对于这些家庭，政府给予一定数额的救助（政府贫困标准变化，救助金额也随之而变化），该项目的目的是要帮助低收入家庭能维持基本的生活。②负所得税。负所得税即负值的所得税，该项目的对象是收入位于一定水平之下的人，它是由政府规定一定的收入保障数额，然后根据个人实际收入的多少确定补助对象，对收入没有达到保障数额者由政府予以补助（补助金额随个人收入多少而变化，收入越高，补助减少，直至收入达到所得税的起征点为止）。该项目的目的是要对低收入者提高福利水平，促进社会财富分配的公平性。③社会基金。社会基金主要包括两类：第一类是慰问金，具体又分为产妇慰问金、丧葬慰问金和冬季慰问金；第二类是贷款，具体包括预算贷款和危机贷款，两种贷款都无须支付利息，而本金则从借款人将来可能得到的各种给付和津贴当中予以扣除。[19]除了以上三个主要社会救助项目外，英国还设立了具有社会优待性质的专项津贴，主要包括残疾人津贴、工伤津贴、疾病照顾津贴、法定疾病津贴、儿童津贴及法定产妇津贴等。[20]在英国，农民的健康保障是农村社会救助最为突出的问题，农村居民可以获得免费的医疗服务。为了解决农民的医疗问题，农村事务部门采取了两项主要的措施，一是提出要分计划、按阶段对农村卫生资源做出合理配置，加强有关部门的合作和信息交流，建立农村卫生工作讨论会；二是建立农村交通互助计划和郊区运输基金来资助需要者。[21]

德国是世界上最早制定农村社会保障制度的国家之一。标志着德国农村社会保障体系构建开端的是1886年5月《关于农业企业中被雇佣人员工伤事故保险法》的公布实施，而1957年10月农村养老保险体系的建立则标志着德国农村社会保障体系朝着独立、全面的方向迈出了重要的一步。现在，德国农村的社会保障体系已经比较完善，项目丰富、机制健全、管理科学，能为农村居民及其家庭在生活发生意外变故时提供全方位的支持和保护。[22]总体来看，当前德国的农村社会保障制度体系具有如下特点。一是内容全面丰富，德国农村社会保障制度的内容涉及养老、事故、医疗、生育、护理五个方面，较好地保障了农民在困难时期的基本生活需要。二是覆盖面广，德国的农村社会保障基本上把所有的农业人口都纳入了保障的范围之内。三是津贴标准相对高，德国政府只为农业人口的社会保障提供津贴，这就表明参加同样的保障项目，农村居民比城市雇员可以少缴纳保险费用，却可以享受到同样待遇的保障水平。[23]

美国的社会救助也由来已久。标志着美国社会救助制度正式创立的是1935年颁布的《社会保障条例》，该条例对社会救助的内容、对象和经费等都做了明确的规定。在全国性立法的同期，各个州也各自出台了《州社会保障条例》，市、县也都有相应的具体办法或实施细则。[24]现在，美国已经成为世界上社会救助项目最多的国家之一，政府提供的社会救助和福利补助达70多项，其中主要的救助项目如下。一是抚养未成年子女的家庭补助。主要是针对以下几类家庭：有子女的单亲家庭、父母失业或丧失劳动能力的家庭，政府提供现金资助这些家庭，直到其子女年满18岁。二是补充收入保障。此项目主要是为65岁以上的老年人和贫困的残疾人提供最低收入保障。医疗救助是美国为穷人提供的最大的医疗保障项目，受益者必须是低收入者，并且只能拥有很少的财产。住房救助，主要提供低租金的公共住房、房租补贴、住房贷款利息补贴、妇女和儿童住房补贴。食品补助，该项目主要由食品券、儿童与老年人营养和剩余食品分配三大项目构成，目的是要保证贫困阶层能消费基本食物，以解决他们的基本生活。[25]

在日本，随着城市化进程的不断推进，大量的农村劳动力涌入城市，从而产生了对社会保障的强烈需求。为适应这一社会形势的变化，自1958年以来，日本政府就着手构建农村社会保障体系，逐步将农业劳动者纳入社会保障范畴。1959年，日本政府通过《国民健康保险法》和《国民年金法》两部法律，把尚未参加养老保险的农户和个体经营者等全部纳入了养老保险范畴。[26] 20世纪70

年代以后，随着经济的快速发展及国家经济实力的不断增强，日本的农村社会保障体系也不断得到补充和完善。20世纪末期，日本已经建立了较为完善的农村社会保障体系，保障面覆盖了整个农村地区，保障内容涉及公共医疗、养老、护理等各类保险以及公共福利和老人保健等。总体上来看，作为公民，农民与城市居民一样，能普遍享受国家社会保障制度带来的福利。[27]

纵观国外的研究现状和国家实施社会救助的具体状况，我们可以得出如下结论。西方学界目前对于社会救助理论的内涵和外延以及社会救助政策的研究已经日趋成熟和完善；发达国家社会救助的法制较为健全，社会救助的内容全面细致，社会救助的资金供给稳定。在救助主体方面实现了政府与社会的有机结合；在救助方式方面实现了物质与精神、常规与临时的有机结合；在救助内容方面实现了普适性与专项性、现金与服务提供几个方面的有机结合；在管理领域实现了部门主导与部门联动的有机结合。总之，福利型国家社会救助制度的设计，既体现了现代社会对公民基本权利的尊重和维护，也体现了政府和社会对于困难群体的关怀，使得救助者能有尊严地获得社会的帮助。西方学界对社会救助的研究给我们以启发，西方国家社会救助制度的构建值得我们借鉴。

二 国内研究现状述评

对于农村社会救助问题，国内学者们的研究主要体现在以下几个方面：第一，我国农村贫困的形成原因；第二，我国农村社会救助的内涵及其必要性与可行性；第三，我国农村社会救助体系存在的问题；第四，社会救助中国家与政府的责任问题。

（一）我国农村贫困的成因

关于贫困成因的理论方面，主要有康晓光的系统贫困观，他从系统论角度提出:"把贫困归咎于自然生态条件、资金、技术或者人口素质的观点都不具有完全的说服力,因为从经济运行的不同侧面尽管可以寻求出贫困的不同原因,但是各个单独侧面原因都无法完整地概括贫困的综合成因,贫困应是诸多因素系统运行的结果。"[28]此外还有姜德华的资源要素贫困观以及王小强、白南风的素质贫困论等。关于农村贫困的具体成因,曾娟红、龙卓舟认为:"我国农村贫困在很大程度上是我国计划经济时代国家长期对农业、农民实行严重的歧视性政策的产物。"[29]邹文开则认为:"不同地区农民贫困的原因是不同的,东部地区农村贫困人口致贫主要是无劳动力、疾病、个人素质差等个体性的原因;中部地区农村虽然一部分也是由于无劳动力、疾病、个人素质差等个体性的原因致贫,而更多的家庭是由于自然资源贫乏、交通不便、自然灾害频繁并损失较大等自然-历史原因致贫,以及由于本地区生产力落后、市场经济发育不良,水、电、路条件差,教育、文化、思想落后等经济-社会原因致贫;西部地区农村贫困人口致贫,更主要是由于自然-历史与经济社会的原因。"[30]冯招容认为:"农村贫困主要包括生理性贫困与社会性贫困两大类型。生理性贫困是由明显的生理原因所致,如年幼、年老、残疾、精神病及体弱多病,从而影响个人的竞争能力。而社会性贫困群体主要为转型期社会结构变迁的原因所致,如政府强制性制度变迁,实行优惠政策选择了让有条件的部分地区、部分人,率先放开搞活,先富了起来。"[31]为此,改革开放至今,改革的利益更多地为社会强势者所占有,而改革的成本更多地为社会弱势者所承担,且强势者受益后并未及时地补偿、帮助弱势者,这就在一定意义上影响了贫困的规模与程度。

(二) 我国农村社会救助的内涵及其必要性与可行性

关于农村社会救助的内涵。柳拯认为"社会救助体系建设是一项系统工程,需要统筹规划,稳步开展"。[32]在分析农村社会救助体系的概念、意义的基础上,柳拯提出了构成农村社会救助体系的各项内容以及它们之间的相互关系。龙卓舟指出:"农村社会救助体系的构建要充分考虑我国农村的具体情况,鉴于当前我国农村贫困复杂性和多元性的特点,农村社会救助体系必须通过分层来构建,即微观层次上的对农村贫困户的救助,中观层次上的对农村贫困地区的特殊救助和对农村自然灾害的救助,宏观层次上的对整个农业的救助,只有这样,农村社会救助才能较好地发挥其应有的作用。"[33]陈成文、许一波提出新型农村社会救助体系的构建一方面要突出重点,另一方面也要兼顾体现全面性,应以贫困性社会救助为基础,并有机结合灾害性社会救助、疾病性社会救助、互助性社会救助,具体内容包括最低生活保障制度、农村扶贫、大病援助、社会帮扶、社会捐赠等。[34]洪大用、房莉杰、邱晓庆等通过对九省农村五保对象的抽样调查,剖析了我国五保供养的现实状况及存在的不足,并针对如何拓展资金来源渠道、完善农村五保供养的管理形式等方面提出了详细的政策建议。[35]对于社会救助的模式,李珍在对比分析当前我国与西方福利国家社会保障制度的基础上指出,导致我国社会保障薄弱的主要原因是我们的社会保障制度的建设不是从整体制度设计的角度出发,而是从单位保障制度的改革与过渡着手,这就导致目前我国的社会保障制度未能成为一个独立的社会制度体系,从而致使社会保障功能错位。因此,处于社会转型期的我国,社会保障制度的建设应坚持基础性、差异性和过渡性的原则,对于当前我国农村社会救助来说应该坚持低标准、广覆盖,与东西部地区有所不同的建设方针。[36]邹文开则根据当前我国东中西部农村发展不平衡的现状,提出应以因地制宜为原则,构建适合中国国情的、有区别的、创新的农村社会救助模式。[37]

关于农村社会救助的必要性与可行性。郑杭生提出，当前我国正处于社会转型时期，"去集体化"和"去组织化"趋势日趋加强。这种变化一方面减少了工作场所和社会中的等级制度，为个人自由、自我实现、民主化、去中心化提供了更多的机会；另一方面，这一期间由于企业规模的不断压缩，企业员工不时遭到裁减，劳动力使用逐步随机化，社会分化的程度也随之逐步加深。另外，在这一过程中社会劳动体系呈现以下三大趋势：轻型化、小型化和微型化，社会有形劳动的地位快速下滑。由于有形劳动传统社会地位的降低，很多负面社会效应应运而生，其中重要的一点就是社会弱势群体的形成，并在某种程度上被固化，主要原因是这些弱势群体在社会劳动体系中的弱势地位是根本性的。他们在劳动体系中的弱势地位常常会对他们的其他社会地位产生传导性影响，这种连锁性的传导最终导致他们在收入分配、占有社会资源、社会分层以及就业机会获得等方面均处于被动境地，这样他们便逐渐成为远离主流社会的、被边缘化的部分。这部分人的边缘化主要不是自身的原因，而是客观的社会因素的结果，因此，对弱势群体的救助，我们需要创造一种方式，使他们能有尊严地得到社会的救助，而不应是一种恩赐。[38]马斌在分析中国农村贫困现状的基础上，论述了建立农村最低生活保障制度的重要性和可行性，并建议通过征收社会保障税来拓展农村社会救助的资金来源。[39]时正新在分析我国农村社会救助体系建设问题时，批驳了几种错误的观点，包括建立农村救助体系是对农民贫困制度性歧视的经济补偿的观点以及土地为农民提供了生活保障，没必要进行农村社会救助等观点。他指出建立农村社会救助是基于经济补偿的观点，对于农村社会救助是一种误导，其实两者应该没有必然的联系，公民获得社会救助是一种权利，这种权利不能因为不存在制度性歧视而对其权利予以剥夺；同时，部分农民是通过土地经营获得了部分或全部生活保障，但农村贫困的形成并不与是否有土地存在必然联系，还受到许多其他因素的影响，土地并不一定对应着生活保障，以国家提供土地使用与经营权来回避国家的社会救助责任缺乏理论逻辑。[40]

(三) 我国农村社会救助体系存在的问题

对于我国农村社会救助体系，学者们认为主要包括农村社会救助制度建设、农村社会救助资金供给、农村社会救助运行机制三个方面的问题。

1. 农村社会救助制度建设存在的问题

王思斌认为，现代社会救助工作"以人为本"理念，强调服务意识，当前我国城乡社会救助制度中传统的救助意识形态还没彻底消除，以往救助制度的"经验"仍在继续，但还缺乏以人为本的、具有现代意义的社会救助制度。因此，现代社会救助理念的树立对当前我国农村社会救助非常重要，现代社会救助的主要目的是通过救助而促进受救助者自立，"救是救一时之急，助是助奋起自立"。目前，我国的社会救助工作需要进一步吸收社会工作的方法和理念，尤其在社会行政方面以及具体服务方面。[41]李强、洪大用指出："我国虽然在城乡社会救助制度改革方面取得了一定的进步和成绩，但是我国社会救助制度现状依然存在着救助理念落后、城乡分割、项目单一、标准偏低、资金分担不合理等方面的问题。"[42]柳拯认为农村社会救助制度存在的主要不足之处在于各个地区的制度建设进程不一致，有些地区已经制定了比较完善的单项法规，并在积极探索法规整合和体系建设；有些地区既在努力健全单项救助法规，又在进行试点；而还有的地区，尚处于健全单项救助制度阶段，甚至个别地方，还没有建立农村特困户生活救助制度。[43]雷承佐指出农村社会救助政策的层次偏低，且缺乏整体性，同时，社会救助政策鼓励引导社会力量参与力度不够。"[44]吴玲、施国庆、金双秋、李少虹等提出:"农村社会救助中还存在因制度设计不合理而产生如苛刻地选择救济对象的标准,落后的救助方式以及不规范的救助程序等问题。"[45]

2. 农村社会救助资金供给存在的问题

对于我国农村社会救助资金方面的问题,学者们主要探讨了资金困难的原因及其导致的不良后果。在原因方面,张时飞、唐钧认为:"由于中央尚未安排农村低保资金,造成农村低保资金缺乏充分保障的局面。农村低保资金主要由市、县财政负担,而省级财政仅能做适当补充,这样导致部分财政困难地区资金无法到位。"[46]高灵芝指出:"由于税费改革使乡镇经费大幅度减少,只靠县财政提供的有限资金不能保证为所有困难户提供救助,乃至有些地方对困难户的救助因经费紧张而处于停顿状态。"[47]柳拯则认为:"其主要原因在于资金配置不合理,表现为轻农村、重城市,社会救助投入少、社会保险投入多。"[48]陆迁对农村低保资金缺乏的原因进行了较全面系统的分析,他认为原因主要有四点,一是地方财政救助经费拨款拖欠严重,缺乏应有的主动性;二是西部落后地区的县、乡财政紧张,农村社会保障资金筹措困难非常大,有些地方社会救助资金积累逐渐递减;三是农民收入增长非常缓慢,为减轻农民负担,增加农民收入,国家明确规定在资金筹集上不能让农民个人掏钱,以防加重农民负担;四是缺乏健全的社会保障资金管理制度,资金管理十分混乱,使用效率低下,加大了社会保障资金的缺口。[49]对于我国农村社会救助资金缺乏导致的不良后果,高灵芝、金双秋、李少虹、阎宗银等指出,一是社会救助范围小,救助面对的不是全体村民,而只是一部分三无对象、赤贫和有困难的残疾人;二是保障水平低,难以达到助其自救的目的;三是由于救助主体是集体和群众而并非国家，使得农村最低生活保障工作效率低下、发展迟缓，甚至在90%以上的农村地区形同虚设。[50]

3. 农村社会救助运行机制存在的问题

农村社会救助运行机制主要存在两个方面的问题。第一，能力不足。决策能力、执行能力和监管能力等都存在欠缺。[51]第二，效率低下。效率低下表现为以下两个方面。一是低水平、高消耗。所谓低水平主要是指救助标准较低，质量不够高，与当地经济发展水平不同步；所谓高消耗主要是指对可以利用的社会救助资源的开发与利用力度不够。二是高成本、低效率。当前我国农村社会救助尚缺乏一种长效的组织运作机制，社会救助缺乏预警性和事先性，社会救助多为事后的"运动战"，运动一来便蜂拥而上，运动过后便不闻不问，打的是突击战、人力战，而不是科学管理战，这样使得救助的成本较高而效果又极为不佳。[52]导致农村社会救助运行机制效率低下的原因主要有三个。一是部门条块分割，目前农村的几项主要救助制度分别由几个部门负责落实，如五保供养、最低生活保障和特困户救助由民政部负责，教育救助由教育部负责，司法救助由司法部负责，扶贫开发专门由扶贫办负责，另外还有团中央、工会、老龄协会、妇工委、残联等也参与到救助工作中来，而且各个部门内部管理也比较分散。这种部门条块分割的管理方式既使得社会救助工作难以统一协调、步调一致，[53]同时也造成了救助工作中出现重复救助与大量遗漏相并存的矛盾状况——某一特殊对象经媒体炒作或通过其他途径成为人们关注的焦点时，社会各方予以足够的重视，于是大家齐头并上、主攻这一"焦点"，导致重复救助；而那些没有成为所谓"焦点"的对象，却沦落到无人过问的境地。[54]二是对农村社会救助存在认知上的误区。有些民政工作人员存在传统救济"三无"对象的情结，仍然存在恩赐思想，这就造成了歧视救助对象、无视救助对象的权利等后果,在实施过程,尚未给予应有的人文关怀。[55]一些人对建立农村社会救助制度的紧迫性认识不足,认为在农村实行最低生活保障制度不如城市紧迫,农村居民对风险的承受力比城镇居民强,让农村基层部门承担一部分保障费用是增加农民负担。[56]三是农村社会救助工作开展缺乏必需设备、人员等条件。另外,管理和运行机制的规范化、法制化水平较低。[57]

(四) 农村社会救助中国家与政府的责任问题

基于对西方国家农民养老金制度的分析,我国诸多学者提出了各自的观点。李迎生提出:"农村社会保障制度的建设需要国家的强力支持,国家在其中的基本职责主要有三个方面:一是要构建和经济发展水平相适应的社会保障制度基本框架;二是要构建健全的农村社会保障管理体制;三是要明确政府的财政支持并有效促进资金筹集的多渠道化发展。"[58]阁宗银认为:"社会救助并不是慈善事业,它是政府的一种职能,被救助者并不是接受施舍和恩赐,而是一国公民享受的基本权利。而实际上我国政府和财政在社会救助方面参与的程度还非常低,这是政府职能的缺失和错位。"[59]杨刚则强调:"要从观念上彻底改变对农村贫困人口的忽视现状,政府应在农村社会救助体系的构建中承担起应有的责任,政府对农村的救助要由分配型转为发展型,从生活救助为主变为能力扶助为主。"[60]钱亚仙从法理、社会保障的性质与目标角度提出,政府是构建农村社会保障制度(包括社会救助)的责任主体,并提出一系列规范我国政府责任的政策建议。[61]张学英认为:"要做好政府在构建农村社会保障中的职能定位。社会的保障基金由国家、集体和个人共同承担。要高度重视农村社会救助的建设工作并完善相关法制法规,唯有如此才会使农村社会救助效果最优化。"[62]何金颖认为:"我国政府在城乡社会保障及救助中的责任体现存在差异,政府必须明确承认作为最后的责任承担者。"[63]

相对于国外而言,国内对于农村社会救助的研究主要集中于救助的内容、模式、体系建设以及政府的责任等几个方面。研究分析了我国农村贫困所呈现出的复杂性和多元性,提出要因地制宜地构建适合中国国情的、有区别的、创新的农村社会救助模式。纵观我国关于社会救助研究的主要成果,宏观方面的方针政策的研究较多,而微观方面的如何发展多元化的社会救助机制等方面问题的研究偏少;理论方面的探讨较多,而实证研究的偏少。

第三节 研究意义

以十一届三中全会的召开为标志,我国进入了改革开放的全新时期。改革开放的全方位推进与不断深化标志着我国进入一个新的社会转型期。改革开放之初,我国在快速发展的同时经济和社会出现协调发展、良性循环的态势,社会环境比较安定,例如传统二元社会结构下的城乡差距有所缓解、贫富差距维持在一个合理的范围之内。然而,随着改革开放的深入,我国社会运行形势发生了变化:在我国经济高速发展的同时,社会矛盾和社会问题也日渐凸显,其中重要的一个方面就是两极分化严重、贫富差距悬殊、城乡差距越来越大。社会问题需要相应的社会政策加以解决,为了适应新的社会发展形势,我国提出了建立和谐社会的发展战略。在原有社会保障制度的基础上,开始着手探索建立适应新的时代需求的社会保障制度。经过20多年的探索、规范与发展,我国已经构建了比较成熟和完善的城市社会保障体系。然而,受制于我国传统的城乡二元化的社会结构,农村地区的社会保障制度建设明显滞后,这显然与我国城乡一体化发展战略不相符合，也不利于社会的和谐。因此，近年来我国政府加强了对农村社会保障制度的构建。社会救助是社会保障体系的基本构成部分，是专门针对弱势群体而设定的一套制度，在社会中起到"保底"的重要作用。在现实社会中最需要进行救助的人群，就是那些最弱势的群体。因此，从这个意义上来说，社会救助作为社会保障体系中最重要的部分，应该最先建立起来。现代社会，社会救助成为国家的一项基本责任，而完备的制度设计是一个国家履行好这一责任的基础与前提，也是社会得以良性有序运行的重要条件。因此，分析我国新型农村社会救助制度的实施效果、探究实施效果的影响因素对推进我国农村社会救助制度的完善意义重大。

从理论意义来看，本书立足于经济学和社会学的理论视角，在分析整理社会救助理论和我国新型农村社会救助制度建设状况的基础上，以覆盖面、受益度和满意度为主要评价指标，通过对湖南省长沙、郴州、邵阳三地的农村社会救助实施情况的抽样调查，分析探究了当前新型农村社会救助制度的实施效果。这将在一定程度上丰富经济学和社会学相关理论。同时，结合经济学、社会学的相关知识对农村社会救助制度实施的效果进行实证研究和调查，这将在一定程度上开辟我国社会科学研究的新范式，从而对以上学科理论的建设和学科发展做出一定的贡献。从实际意义来看，研究农村社会救助的实施效果具有极强的时代必要性和可行性。这不仅有助于揭示农村社会救助的现实困境，而且对导致农村社会救助现实困境的内在影响机制的探讨能为相关政策设计部门所借鉴，从而有助于推动农村社会救助的社会政策模式的优化和完善，进而保障农村弱势群体的正当权益，促进农村社会的稳定和有序，并最终有助于我国社会的长期稳定与和谐发展。具体而言，表现在如下几个方面。

第一，农村社会救助是社会秩序的"稳定器"。亚里士多德曾经指出，贫困会引起社会的祸乱。目前，在中国的弱势群体中有不少人由于经济拮据，生活非常困难，常常有衣食之忧，他们抑郁、悲观、焦虑，不愿与他人交往沟通，无以维护个人的人格尊严，更谈不上体面的生活。[64]如果说因为5000年传统的中华文化中"不患寡而患不均"的思想使得弱势群体对于贫困有相对较强的承受能力的话，那么，我国贫富差距不断拉大、基尼系数持续攀升的现状迫使这种承受能力不得不接受十分严峻的考验。2001年，国家计委宏观经济研究院课题组对中国社会稳定问题的问卷调查显示，"腐败官僚主义"是影响中国社会稳定最主要的因素，占有效问卷的73.8%；其后依次是"失业下岗人数增加"，占有效问卷的65.9%；"贫富悬殊"，占有效问卷的2.9%。其中，在对农村居民的有效问卷中，居首位的是"农民负担过重"，占有效问卷的65.0%。[65]"中国社会形势分析与预测"课题组于2001年10月对在中共中央党校学习的部分地厅级领导干部学员进行了关于"改革的顺利推进将主要取决于哪些因素"的问卷调查，结果显示"保持社会稳定"成为首选，占54.9%，远远高于其他因素。[66]以上资料表明，社会稳定是改革顺利进行的最重要因素，社会稳定对国民经济与社会的进步和发展最为关键，是社会进步与发展的基础和前提，是第一位的。

互助互济、接济弱者应是现代社会的一种基本价值理念和价值取向。现代社会风险系数比较大，人是社会的人，每一个社会成员都可能因个人、家庭及社会原因陷入贫困，如果此时凭个人的能力无以摆脱困境，这就需要他人、社会、政府提供支持和援助。生活困难的人长期得不到社会支持，求生的本能会促使他们采取极端的方式获取生存资源，会滋生疏离主流社会，甚至敌视、反抗主流社会的心态，对社会、政府失去认同，造成社会隔离乃至分裂，将严重威胁社会稳定。从这个意义上来说，社会救助对于维护社会的有序具有重要的作用。党的十七大报告指出：和谐社会能有效化解社会矛盾。当前我国的社会矛盾尽管大多属于人民内部矛盾，不具备敌对性和完全不可调和性，但是我们也应意识到，如果自发的、零散的利益矛盾不能得到有效化解，就很有可能会转化成自觉的、有组织的群体性对抗，使矛盾摩擦激发为矛盾冲突，届时矛盾的范围会更广，冲突更加激烈，社会危害性也就更大，控制解决起来难度更大。而完善的社会救助制度在一定意义上有助于缩小社会分配的差距进而促进社会成果的公平分配，使得那些获利较少甚至利益受到损害的社会成员得到一定程度的补偿，这将有助于他们共享社会发展的成果，缓解他们对他人和社会的抵触、排斥情绪，促进其对社会发展模式和社会发展方向的认同。

目前，尽管我国传统的二元社会结构正在逐步瓦解，但其影响还远远没有得到根除：城乡差距不是在缩小，反而在进一步扩大，农村居民在分享社会福利时还处于边缘化的尴尬境地。同是公民却不能平等地享受公民的待遇已成为人们关注的焦点。完善农村社会救助制度，进而构建起城乡一体化的社会保障制度，保障农村弱势群体基本的社会需求，使每一个国民都能平等地享受到社会发展的成果，在城乡二元化结构尚未得到彻底消除的今天，对于我们保持社会的有序和良性运行意义重大。

第二，农村社会救助是经济运行的"减震器"。胡锦涛同志在"七一"讲话中明确指出："推进社会建设，要以保障和改善民生为重点，着力解决好人民最关心最直接最现实的利益问题，……加大收入分配调节力度，坚定不移走共同富裕道路，努力使全体人民学有所教、劳有所得、病有所医、老有所养、住有所居。"社会救助是一项重要的社会安全制度,从社会救助制度发展历程来看,社会救助在市场经济之后产生,但其运用一定的手段和方式来解决弱势群体的失业、伤病问题,调节贫富悬殊、消减社会动荡、化解社会风险等做法,在某种程度上维护了市场经济有序运行的效果。社会救助制度是市场经济运行中宏观调控机制的重要内容,是政府调整经济发展与社会公平矛盾的重要手段和方式。通过社会救助基金的征收与支付,国家能对国民收入分配进行再调节,尽量缩小贫富差距,缓和矛盾,确保市场稳定。社会救助的再分配,不仅保障社会成员基本生活需要,还能通过调节国民收入的差别,直接或间接地提高社会弱势群体的收入水平,提高社会整体购买力,增加社会总需求、扩大社会消费的市场空间,达到调节供给比例和经济结构等目的,从而刺激供给和促进经济的发展。

只有拥有社会保障制度的公平作用,市场经济运行的效率才能更充分发挥,效率与公平才能有机结合。市场经济通过市场这一杠杆来进行社会资源的配置、来调节社会经济活动,尽管有许多优越性,但往往导致分配不均,产生两极分化。同时,由于市场机制秉承的是优胜劣汰的竞争原则,有竞争就会有失败,所以市场机制必然会使一些人在竞争中失败,使其生存受到威胁,这就需要有完善的社会救助制度来弥补,通过社会财富的再分配等手段对竞争失利而不能维持基本生活的贫困者给予基本的生活保障。应该看到,市场经济机制的实质就是通过市场竞争、市场供给和价格参数等手段来进行资源的配置和分配。为保证市场竞争的充分性和公正性,有效发挥市场对资源的优化配置,市场机制客观上要求市场竞争的参与者拥有均等的机会,而竞争的结果却又是非均等的。这种竞争机会的均等性和竞争结果的非均等性,恰好是激励竞争主体参与市场竞争的根本动力。然而,出于经济社会发展的需要,对于那些无力参与竞争或在竞争中失利的人们,则需要通过配套的制度安排来保障其基本生活需要,这种制度安排一来可以维系社会稳定,为市场经济运行提供一个安定有序的社会环境;二来可以维系社会主义市场经济发展对劳动生产力的需要,随时为经济系统的运行补充必要的劳动力,使得市场经济能保持正常运行。而社会救助正是这种制度安排中最基本、最重要的一种制度。可以说,社会救助制度是社会经济运行的"减震器"和"安全网",是市场经济正常运行的重要保障,是维系整个社会稳定的重要手段。

第三,农村社会救助是社会公平正义的"调节器"。自有历史可考以来人类社会就是一个充满竞争的社会,而现代社会竞争更趋激烈。然而,由于各方面原因,在这个充满竞争的社会里总会有部分人、部分群体在竞争的起点上与其他的人、其他的群体存在差距,甚至有明显的劣势,例如富人与穷人,健康的人与不健康的人,接受过高等教育的人与没有接受过教育的人。如果任由这种在起点就胜负了然的竞争自然存在而不进行必要的社会调控的话,显然有损社会公正。放任这种竞争,人类社会与动物社会再无两样,遵循简单的生物法则,也有违人类社会独特的价值追求,人类社会终将不会太平,社会和谐将是海市蜃楼。和谐社会应是一个所有社会成员的合法权益都能够得到很好的保护和维系的社会,是一个所有社会成员都能共享社会发展成果、充满公平正义的社会。

社会弱势群体由于缺乏资源和应有的保护性平台,他们在经济、政治、文化各个领域和各个方面均处于边缘化的位置,缺少与强势群体博弈的资本和能力,这是目前影响我国社会公平、公正的一个重要因素。能力和资本的缺乏使得他们在承担改革成本上与财富分配上都处于不利的地位。因此,如果任由强势群体与弱势群体在利益分配中进行自然竞争的话,结果必然是强者愈强、弱者愈弱，弱势群体的利益终将会受到更大的损害。要从根本上改变这种局面，政府要利用公共权力来保护弱势群体的权益。而实施社会救助就是其中的重要举措之一，通过社会救助可以使处于不利地位、陷入困境的社会成员得以有一个调整、恢复的机会，以便使他们能在一个相对公平的起点上参与社会竞争。所以，政府必须采取切实措施健全社会救助体系，为处于弱势地位的困难群众构建一个可靠的社会安全网，在保障他们基本生存的基础上，助其自助、助其发展，让他们能更好地参与到社会竞争中来，更好地分享社会发展的成果。在这方面，基本生活救助、医疗救助以及临时救助等的作用是极为明显的。[67]

我国是社会主义国家，我们解放和发展生产力的根本目的是满足人民日益增长的物质文化需要，提高人民群众的生活水平和生活质量。尽管国家提倡一部分人通过辛勤劳动和合法经营先富起来，但"先富"并不是要导致贫富两极分化而只是"共富"的一种手段和过程，其根本目的是通过"先富带后富"，最终达到"共同富裕"的目标。广大农民群众为新中国的成立、为社会主义现代化建设、为正在进行的改革开放事业已经做出了，而且还在继续做着巨大的牺牲和贡献。而在传统的二元社会结构下，农村居民在享受社会福利等方面明显处于弱势的不利地位。在二元社会结构下，我国政府以户籍制度为主要标志将全体公民划分为农业户口和非农业户口，农业户口和非农业户口在教育、医疗、住房、养老、劳动保护等方面都享受不同的待遇。相关资料显示，在传统的城乡二元结构下，国家每年需要为城市居民的粮食供应支付约 200 亿元的财政补贴金，而与此形成鲜明对比的是由于政府以指定的低价供应城市居民粮食，农民每年减少收入 100 亿~200 亿元；国家每年要拿出约 300 亿元用于补贴城市居民的副食品和燃料；20 世纪 70 年代末到

80年代中期,国家共拿出1106亿元为城市居民建设住宅,这些住房都是福利性的住房,仅象征性地收取一点点房租;1987年国家对城市居民公费医疗的费用已突破百亿元的开支。[68]这些其实都带有典型的身份"歧视"——同是国民却不能享受同等待遇。随着改革的不断深入,尽管针对城镇居民的许多财政性补贴都已取消,然而,以户籍为分界线的城乡二元结构尚未发生根本改变,农村居民在教育、医疗、养老、住房、低保以及劳动保障等方面依然遭受着不公正的待遇。虽然这种状况不是农村弱势群体产生的根本原因,但它的持续存在却显然有损社会公正,也不利于农村的弱势群体从根本上改变地位。

因此,构建完善的农村社会保障制度(特别是农村社会救助制度),为农村中的弱势群体提供必要的社会救助,使他们能享受到作为一个国民应有的社会待遇,分享改革开放的成果,既是社会公正的体现,也是我们维护社会公正的基本手段。

第四节　研究内容

本书在分析整理社会救助理论和我国新型农村社会救助制度建设状况的基础上,以覆盖面、受益度和满意度为主要评价指标,通过对湖南省长沙、郴州、邵阳三地的农村社会救助实施情况的抽样调查,分析了新型农村社会救助制度的实施效果,并就如何进一步完善当前农村社会救助制度提出了构想。本书共分为七章,具体内容安排如下。第一章为绪论,包括问题的提出、研究综述、研究意义、研究内容和研究设计。第一章主要是对国内外已有的研究文献进行简要评述,明确研究的主要内容与需要回答的重点问题,界定本书的核心概念,介绍资料的来源和研究的主要方法。第二章为社会救助制度的理论基础，围绕贫困理论、社会风险理论、社会支持理论、社会分层与社会流动理论、可持续发展理论和福利经济学理论，阐明选择社会救助制度的依据，阐释其变迁的社会历史条件，为分析新型农村社会救助制度的效果与促进新型农村社会救助制度的完善构建理论框架。第三章主要是构建社会救助制度评价的指标体系。在分析国内外对制度评价指标体系研究的基础上提出本书分析农村社会救助制度的三大指标：覆盖率、受益度和满意度。第四章、第五章、第六章在概述全国以及样本地区农村最低生活保障制度、农村医疗救助制度和农村临时救助制度的发展历程与实施状况的基础上，从覆盖率、受益度和满意度三个方面分析了农村最低生活保障制度、农村医疗救助制度和农村临时救助制度的实施效果，并探究了影响农村最低生活保障制度、农村医疗救助制度和农村临时救助制度实施效果的因素。第七章是本书的研究发现和对未来农村社会救助制度发展的政策展望。在总结本书的主要研究发现的基础上，对进一步完善农村社会救助制度提出了具体构想。

第五节 研究设计

一 概念界定

（一）社会救助

社会救助制度（Social Assistance Program）是人类社会历史上最古老的社会保障制度。一般认为，它产生于原始社会末期，当时社会上就出现了一种"慈善事业"———一部分人出于人类恻隐之心或宗教信仰而对贫困者施以援助。[69]早在1909年，英国济贫法和济贫事业委员会发布了一个报告，报告中提出要废除具有惩戒性的济贫法，而以符合人道主义精神的社会救助来取代。这一报告的颁布标志着现代意义的社会救助制度的问世。因此,社会救助这一新名词的出现,是为取代"济贫"(Poor Relief)这一旧概念的。[70]对于社会救助的内涵,中外学者在表述和理解上各有不同。1965年,美国出版了《社会工作百科全书》,该书指出:"社会救助是社会保险制度的一种必要补充,它是整个社会保障制度体系中最富弹性而不受拘束的一种计划,指的是当个人或家庭生计出现困难急需救助时,给予其生活上的扶助。"[71]德国的《社会法典》是这样解释社会救助的:"社会救助指的是对那些救助对象的帮助与救济,以使其合乎人道的生活得到保障,继而有能力自助、能够参与社会生活。"[72]美国经济学家弗里德里希·海依尔克认为:"社会救助就是要保证全体成员都能获得足以维持其基本生存的最少量的物质条件即维护工作和健康的最少量的食物、住所和衣服。"[73]从以上国外学界对社会救助的界定,我们可以看出他们主要是从对象和标准两个方面来理解社会救助的。在国内,陈良瑾认为:"社会救助是国家和社会对没有劳动能力、没有生活来源、没有法定义务抚养人的未成年人、老年人、残疾人,或者因自然灾害等不可抗拒因素导致生活困难、不能完全保障基本生活的农村村民和城镇无业居民给予的接济和帮助。"[74]时正新、廖鸿认为:"社会救助指的是在公民由于各种原因而造成难以维持最低生活水平时,国家和社会按照法定的程序给予必要的款物接济和服务,以保障其基本生活的制度。"[75]这些学者主要是从主体、对象和标准等方面来理解社会救助的,而唐钧则侧重从公民权利的角度来解释社会救助,他提出:"社会救助是现代国家中公民的一项基本权利,应由立法来予以保障,具体来说,就是指当公民无法维持最低生活水平时,国家和社会按照法定程序和标准保障其最低生活需求的物质援助的社会保障制度。"[76]洪大用则强调社会救助实际上就是一种制度安排,并且阐明了这种制度安排的目的。他认为:"社会救助指的是国家和社会按照法定的程序和标准对那些由于各种各样的原因陷入生活困境或者无力伸张其权益的社会成员提供物资、现金或其他的支持与援助的一种制度安排,这种制度安排的主要目的是使社会成员的基本权利得到保障,从而促进社会的安定与和谐。"[77]郑功成则更强调社会救助主、客体之间权利和义务的非均衡性,他认为:"社会救助应该视为政府的当然责任与义务,它是国家和社会面向社会脆弱群体提供扶助和款物接济的一种生活保障政策,采取的是无偿救助和非供款制的方式,主要目的是帮助社会脆弱群体摆脱生存困境,从而维护社会秩序的稳定。"[78]学术界对于社会救助的定义虽各有不同,但基本上大同小异,从中我们可以概括出社会救助具有如下特征。第一,权利和义务的非均衡性。贫困者从国家和社会获得救助是不带有任何附加条件的一种权利。第二,系统性。国家和社会是救助主体,社会救助是国家和社会共同参与并协调推进的一项社会系统工程。第三,救助对象的选择性。救助的对象是难以维持最低生活水准的社会弱势群体。第四,低层次性。社会救助是低层次、低水平的,是社会成员生存的最后一道防线,其目的是维持基本生活水平。第五,形式的多样性。救助方式多种多样,主要包括现金救助、实物救助和服务救助等。

  基于以上观点,本书认为社会救助作为社会保障制度的子系统之一,是国家和社会按照法律规定,通过国民收入的分配和再分配,运用资金、实物或服务等方式,对不能维持最低限度生活水平的社会弱势群体提供援助以保障其基本生活,并进而促其有能力摆脱生活困境的一种社会保障制度。可见,社会救助制度不问致贫原因,只看受助者是否真正贫困,其目的就是使每一个公民不至于在生活困难时处于无助的困境;与此同时也要看到,社会救助提供的仅仅是满足最低生活需求的资金或实物，以避免受助者产生依赖心理或不劳而获的思想。

当然，在界定社会救助的内涵时，我们有必要对社会救助与社会救济做出辨别。一段时间内，不少学者对这两个概念的内涵与外延没有进行严格的界定，经常混用，有的甚至在一句话中同时出现这两种称谓。其实这两个概念是不同的，近年来关于这两个概念的区别有两种不同的观点。一种观点认为："社会救济思想主要源于仁政论和道义观，其主体与客体不是法律意义上的权利与义务关系，而是道义上的施恩－受惠关系，即政府不是法定社会救济义务主体，弱势群体也不是法定社会救济权利主体，社会救济行为趋于随意性，缺少规范性与法律约束力，救济面较窄，救济水平较低。而社会救助思想源于公民权利观，国家或政府对社会救助负有义不容辞的责任，而公民获得社会救助是一项基本权利，救助行为规范且有法律约束，救助范围较广，救助水平较高。"[79]另一种观点认为："社会救济与社会救助的区别主要在'济'与'助'上，即主要是'救'的手段不同。"其中，陈桦、刘宗志的观点颇具代表性，他们认为："救济一般是指以解决生活困难为目的的物质援助活动，它具有目的单一、目标具体的特点，注重解决被救济者眼前的生活困难，而忽视长远生存能力的扶助，而社会救助则试图通过多种形式，帮助被救助对象摆脱困境，不仅救助内容广泛，既有生活援助，还有对被救助者生存能力的扶助，如教育、技能的培养，生产环境的改善等，而且救助活动不但面向个体，许多时候也面向某些群体或阶层。社会救助包括了社会救济的内容，但社会救济不能替代或等同于社会救助。"[80]其实，这两种观点主要是分析的角度不同。第一种观点是从主客体权责关系的角度来区别社会救助和社会救济，而第二种观点是从手段方式的不同来区别社会救助和社会救济。我们认为，社会救助和社会救济的不同应同时体现在这两个方面，即社会救助和社会救济不仅体现在实施理念上的不同，也体现在手段方式上的差别。

(二) 新型农村社会救助

农村社会救助是相对于城市社会救助而言的，其区别主要在于救助对象的不同，农村社会救助的对象是具有农村户口的贫困居民。亚洲发展银行对农村社会救助的界定有狭义和广义两种。狭义的农村社会救助指的是，中央或地方政府依据预定的资格定义的标准和家计调查的结果，对因为各种原因导致的难以维持最低生活水平的农村居民给予的最低水平的现金或实物帮助，以使其最低生活得到保障的一种社会保障制度。广义的农村社会救助制度指的是国家和社会依据法定的资格定义的标准，对因为各种原因导致难以维持最低生活水平的农村居民给予现金或实物的帮助，以使其最低生活得到保障的一种社会保障制度。[81]国内对农村社会救助定义为：农村社会救助指的是国家和社会对农村中缺乏劳动能力、无法定抚养义务人、没有生活来源的老年人、未成年人、残疾人以及因疾病和灾害缺乏劳动能力等导致生活艰难的贫困对象，采取扶持生产、物质帮助等多种形式，从而保障他们基本生活的一项社会保障制度。[82]本书基本赞同亚洲发展银行对农村社会救助的狭义定义。当然，农村社会救助的形式不能仅仅是现金和实物，而应在物质救助为主体的前提下，突出为农村贫困人口的长远发展提供能力救助，助其自助，提高其自救自助能力。基于以上分析，本书研究的新型农村社会救助制度指的是我国政府自改革开放以来在农村推行的社会救助制度，具体包括农村最低生活保障制度、农村医疗救助制度和农村临时救助制度三个方面的内容。其中，农村临时救助制度是指对因临时性、突发性等特殊原因造成基本生活出现暂时困难的农村低收入家庭给予非定期、非定量生活救助的制度，主要包括灾害性社会救助、教育救助等。对于农村医疗救助制度，本书把新型农村合作医疗制度也纳入其范围之内，这主要是鉴于两个方面的原因：一是当前我国农村社会救助制度还不够完善，而新型农村合作医疗制度作为政府在农村推行的一项惠民性的、普适性的医疗资助措施，在一定程度上，对当前我国农民解决"看不起病"这一问题来说确实起到了"救助"的作用；二是根据相关制度规定，对于交不起合作医疗基本费用的农村贫困居民，地方政府有责任和义务为其缴纳这一基本费用，所以通过考察新型农村合作医疗的情况，我们能在一定程度上了解农村医疗救助制度的实施情况。

二 研究方法

在了解和掌握当前学术界对于社会救助研究现状的基础上，本书综合运用社会保障学、新制度经济学和社会学的有关理论，对问题进行详尽的理论探讨和深入的实地调查，主要采取归纳和演绎的逻辑分析方法，侧重实证研究。本书具体采纳了以下几种研究方法。

一是将实证分析与规范分析相结合。实证分析主要体现为对现行农村社会救助制度现状、问题与效果的分析研究。笔者通过结构访谈、问卷调查与资料分析等方法，对湖南省长沙、郴州和邵阳三市的农村社会救助制度的实施情况进行了深入调查研究，掌握了较丰富的第一手材料，详细了解了农村居民对农村社会救助制度的认知与要求。规范分析则体现在根据社会救助制度的功能、特征和无偿性等，分析与推演新型农村社会救助制度的发展历程及其具体建设状况。

二是将定量分析与定性分析相结合。本书对以上三市农村社会救助制度的实施情况、农村居民对当前农村社会救助制度的认知与期待采取了定量的数据分析,对新型农村社会救助制度的发展状况、制度设计主要采取了定性分析的方法。

三 资料来源

本书的实证数据来源于"新型农村社会救助制度实施情况调查"。收集资料时以问卷调查为主,以个案访谈、文献收集为辅。调查对象为长沙、郴州、邵阳三市的农村家庭人口。

(一)问卷调查

问卷调查实施于2010年10~11月。本次调查共发放问卷600份。首先把湖南省的14个市(州)以2009年度人均GDP为标准分为三类,在各类中以随机抽样的方式各抽取一个市(分别为长沙市、郴州市和邵阳市),然后在所抽的三个市中再以随机抽样的方式各抽取两个县(市),最后在抽出的6个县(市)中各抽取两个乡镇,总计12个乡镇作为调查地点。在每个乡镇我们主要以偶遇式的方式各发放50份问卷,共回收有效问卷558份,有效回收率为93.0%。在回收的有效问卷中,女性231人,占调查样本的41.1%;男性327人,占58.9%。党员99人,占17.7%;团员78人,占14.0%;群众381人,占68.3%。年龄40岁以上的380人,占68.1%。受教育年限6年及以下者172人,占30.8%;受教育年限7~9年者229人,占41.1%;受教育年限10~12年者112人,占20.0%;受教育年限12年以上者45人,占8.1%。过去一年家庭人均收入在当地(所在的村民小组)处于下等水平的234人,占41.9%;处于中下水平的78人,占14.0%;处于中等水平的162人,占29.0%;处于中上水平的84人,占15.1%。笔者对资料整理、筛选、核实后,并对有效问卷进行编码,利用SPSS 11.5统计软件进行数据处理和统计分析,并得出结果。

(二)个案访谈

首先根据研究对象的性别、年龄、文化程度这几个指标的要求来确定个案,其次,在抽取的每个乡镇有针对性地选择了12个个案作为正式访谈对象。个案的基本情况如下。性别:7男5女;年龄:最大的55岁,最小的27岁;文化程度:小学文化者2个,初中文化者3个,高中(中专)文化者4个,大专及以上文化者1个。个案获得的途径主要有两种:一是通过当地民政部门工作人员介绍,一是根据已调查者的情况临时确定。

(三)文献收集

文献资料的收集主要采取两种方式:一是到调查地的民政部门查阅相关的档案资料,二是通过学术期刊网收集有关的文献资料。

第二章 社会救助的理论基础

社会救助是社会保障制度的重要子系统，是人类的需要和社会经济稳定发展的要求相结合的结果，其产生和发展都有一定的理论意义和现实意义。受不同时期、不同国家和地区的政治、经济、文化和历史等因素的影响，人们对于社会救助的理解和认识往往持不同的观点和意见，由此形成了关于社会救助的众多理论表述。考察社会救助存在和发展的理论基础，辨析不同的社会救助制度的价值理念，以便于从救助理论中汲取营养，评价社会救助制度实施效果以及为社会救助制度的设计提供理论指导，并在实践中对社会救助制度的实施提供价值规范。

第一节 贫困理论

古今中外的许多思想家、经济学家以及社会学家都曾对贫困做出理论上的阐释，其内容主要涉及贫困的内涵、成因等。

一 贫困理论的代表性观点

贫困及贫困的成因经济学方面的代表性观点主要有马尔萨斯的

土地报酬递减论，纳克斯的贫困的恶性循环论等；在社会学领域的代表性观点主要有甘斯的贫困功能论，刘易斯的贫困文化论，约瑟夫的剥夺循环论等。贫困描述的是人类的生存状态，指的是满足特定人群生存所需的物质供给、技能保障，与社会平均水平相比处在匮乏乃至十分匮乏，甚至不能维持基本生存的状态。如果从英国的布什和朗特里的早期著作算起（布什的早期著作有1899年出版的 *Labor and Life of the People*, *East London*，朗特里的早期著作有1901年出版的 *Poverty*, *a Study of Town Life*），世界上从社会保障和社会救助的角度去研究贫困问题，迄今已有110年左右的历史了。[83]在此期间，许多专家学者为了不同的研究需要，从不同的角度给"贫困"下了多种定义。其中，世界银行在其发展报告中关于贫困的定义经历了从仅仅关注消费到既关注消费又着眼于人文的发展变化等的过程，世界银行在其发展报告中对"贫困"的定义最具有代表性。《1981年世界发展报告》中对贫困是这样定义的："当某些人、某些家庭或某些群体尚未拥有足够的资源去获取他们在那个社会公认的、一般都能享受到的饮食、舒适的生活条件和参加某些活动的机会，就被视为处于贫困状态。"这一定义注重的是饮食、舒适的生活条件和参加活动的机会，是以消费水平为基础的，并且主要是从经济范畴来界定贫困的。[84]《1990年世界发展报告》中关于"贫困"的定义与《1981年世界发展报告》相比，有了明显的变化。《1990年世界发展报告》指出，衡量"贫困"不仅仅要考虑整个家庭的收入及其人均支出，更需要考虑那些社会福利的内容，譬如预期寿命、医疗卫生、识字能力以及公共货物或共同财产资源的获得情况。报告将营养预期寿命、5岁以下儿童死亡率及入学率等指标纳入对贫困的测定中。这种对贫困的界定是对以消费为基础衡量"贫困"的定义的补充和发展。[85]随着人类对贫困内涵认识的不断全面和深化,人们开始更加注重从人文发展的角度来界定一个国家的贫困程度。联合国发展计划署在《1997年人类发展报告》中提出了"人文贫困"的概念。按照这一概念对"贫困"的界定,考察一个国家的贫困程度,不仅仅要看这一国家人均国民收入水平,还要考虑人均寿命、卫生、教育和生活条件等因素,即40岁以前可能死亡的人口比例、文盲率、可饮用水和合适食物、获得基础卫生保健服务的状况等。[86]根据这一新标准,中国被排在全球175个国家和地区中的第108位。这一概念对贫困的界定基本上代表了当前文明发展程度下人类对于相对贫困内涵的理解水平。[87]

我国理论界对"贫困"的理解也有一个不断深化的过程。1989年《中国农村贫困标准研究报告》指出,"贫困"是"个人或家庭依靠劳动所得和其他合法收入不能维持其基本的生存需求"。这一定义主要是从经济的角度来界定贫困的,而且是绝对贫困。随着对贫困问题认识的不断全面和深化,人们开始更多地关注个体的生存质量与发展前景。许多学者也从参与扶贫的实践经验中认识到生存质量同样是贫困人群面临的一个重要的问题。因此,他们开始把贫困定位于生存状态领域的问题。基于此,学者们把贫困定义为:"贫困是人的一种生存状态,这种生存状态中,人由于不能合法地获得基本的特质生活条件和参与基本的社会活动的机会,以至于不能维持一种个人生理和社会文化可以接受的生活水准。"所谓"物质生活条件"不仅包括食品、衣着、住房,还包括教育、医疗卫生、基础设施、生态环境;所谓"社会活动"不仅包括一般的人际交往,还包括宗教活动和政治参与。在这个定义中,贫困是一个历史的概念,而且因民族文化的不同而有很大的差异。同时,贫困也是一个外延十分广阔的概念,不仅包括狭义贫困,即经济意义上的贫困,还包括广义贫困,即社会、文化、政治意义上的贫困。当然，学者们还指出，贫困也分为绝对贫困和相对贫困。从经济意义上的贫困来讲，绝对贫困又称作生存贫困，指的是在一定的社会生产方式和生活方式下，个人或家庭凭借其劳动所得以及其他方面的合法收入，无法满足最基本的生存需要，生命的维持受到威胁。而相对贫困包含两种意思：一方面指随着社会经济的发展，贫困线不断提高而产生的贫困；另一方面指同一时期由于不同地区之间、各社会阶层之间以及各阶层内部不同成员之间的收入差别而产生的贫困。根据这种理解，一些国家把低于平均收入40%的人口归为相对贫困人口，而世界银行专家则将收入低于平均收入1/3的社会成员视为处于相对贫困状态的人口。这种对贫困的概念不仅包括较长时期内难以超越的贫困状态，也包括短期的贫困，如由自然灾害、宏观经济波动等原因造成的暂时性贫困。[88]

关于贫困的成因，马克思主义经典理论家们在分析资本主义的经济运行规律的同时，揭示了资本主义制度下无产阶级贫困化的根源——私有制。无产阶级摆脱贫困命运的根本出路就是消灭私有制、消除雇佣劳动制。马克思主义认为在资本占统治地位的自由放任的市场经济中，资本的积累必然导致劳动者与生产资料相分离，进而导致劳动者的贫困化。印度经济学家阿马蒂亚·森认为贫困的实质是能力的缺乏，他主张应该改变传统的以个人的收入或资源的占有量为参照来衡量一个人的贫富的观念，应该引入关于能力的参数来测度人们的生活质量，最核心的是必须考察个人在实现自我价值功能方面的实际能力，因为能力的不足才是导致贫困的真正根源。[89]在阿马蒂亚·森眼里，"贫困"是对基本的可行能力的剥夺，而不仅仅是收入的低下，所以，消除收入贫困对于反贫困来说固然重要，但这不应该成为反贫困的终极动机，其最关键的是要提高人的可行能力，如享受教育、医疗保健、社会参与、政治权益等。

"能力贫困理论"强调解决贫困的根本之道在于提高个人的能力，而不纯粹是发放救济金。贫困代际传递理论认为导致贫困的一个重要因素是贫困在代际的传递：贫困以及导致贫困的相关条件和要素，在家庭内部由父母传递给子女，使得子女在成年后重复父母的境遇——继承父母的贫困和不利因素并将贫困和不利因素传给后代；或者在一定的社区（或阶层）范围内贫困以及导致贫困的相关条件和要素在代际延续，使后代重复前代的贫困境遇。[90]美国著名的社会学家和人类学家刘易斯则从贫困文化论的视角探讨了贫困的成因，他指出，长期处于贫困状态下的人们形成了一整套特定的生活模式、行为准则和价值观念，其文化特点是屈从感，不愿为未来做计划，不能控制欲望的满足和对权威的怀疑。这种"亚文化"一旦形成，就会影响整个贫困区域内的人，且能一代代地传递下去。在这种"亚文化"的熏陶之下，贫困被维持，并且往往还会导致新的贫困。

关于如何消除贫困，增加社会福利，英国经济学家庇古1920年在他的《福利经济学》中指出，影响社会经济福利的因素有两个，一个是国民收入，另一个是国民收入在社会成员中的分配情况；关于国民收入的分配，任何能够增加贫困者的实际收入而又不减少国民收入的分配措施，都将增加社会经济福利，因此，在国民收入恒定的条件下，增加社会经济福利的最好方案就是"收入均等化"。"收入均等化"理论的一个基本观点就是：如果把富人的部分收入转移给贫困者，就既能增加贫困者的经济福利，也能增大全社会的福利。[91]

二 贫困理论在社会救助中的应用

一个社会的良性、有序运行必然是自然、社会与人和谐发展。

这其中最重要的是人与人之间的和谐，而调节好人与人之间的利益关系则是人与人之间和谐的首要条件，调节好人与人之间的利益就是要公平地分配社会利益，使得全体社会成员都能够得其应得，从而人人都能各得其利、各得其所。按照贫困理论的观点，积极救助社会中的贫困者，是保证一个社会良性运行的基础和前提。

第一，贫困不仅有悖于社会公正原则，而且降低了社会的整合度。在市场经济条件下，由于每个人的能力、拥有生产要素的数量以及劳动贡献量等方面的差别，他们在社会财富分配时也存在差异。应该说这是市场经济机制下社会财富分配的一种必然结果，属于正常现象。但是，这有一个"适度"的问题，就是说这种差距不应超过一定的"度"，它应以所有社会成员都能够普遍享受社会经济发展所带来的益处和成果为前提。正如一位学者所说，在社会强势群体获得丰厚的社会财富的同时，弱势群体的生活也应相应得到改善；如相反的话，势必损害社会公正，不利于社会整合。当前，我国社会绝对贫困与相对贫困成员的存在，虽然从社会转型的角度上来讲是不可避免的，但是，我国现阶段贫困群体还较大规模存在，这严重地损伤了普遍受益这一社会发展的重要原则。另外，多数人之所以贫困，大部分是由非正常因素所造成的，这些人势必会产生相对剥夺感，这种相对剥夺感将严重挫伤他们的积极性。不平等的存在及其加剧的趋势将成为我国经济社会发展的障碍，无论是绝对贫困现象还是相对剥夺现象，均不利于社会的整合。绝对贫困者对于社会，要么容易形成一种消极性的边缘化行为方式，要么容易采取一种抵触性的反抗态度；而有相对剥夺感者往往更容易持抵触社会的态度。这些都不利于个体对社会的认同，会降低社会的整合程度，使社会动力有所减弱，并使社会动荡的可能性增大，从而影响社会的良性发展。

第二，贫困限制了社会成员潜能的开发。马斯洛的需求层次理论告诉我们，当一个人在生活都没有保障的情况下，他很难谈什么其他需求，贫困尤其是绝对贫困直接制约着他们潜能的开发。社会成员的潜能怎样才能得到开发，开发的程度如何？这在很大程度上取决于该社会成员的生理方面的需求以及安全感、归属感、尊严感和自我实现感等多个方面的满足程度。对于处在绝对贫困状态中的社会成员来说，他们面对的主要难题是如何解决自身的生存危机。因此，他们只能以满足生理和安全方面的需求为生活的主要目标和价值追求，而无暇、更无力去顾及其他方面的需求。他们的潜能无法得到充分发挥。我们知道，一个社会整体潜能的开发取决于每个成员潜能的开发程度。因此，我国绝对贫困者数量的多少，将直接影响全社会潜能的开发，甚至影响社会人口再生产的和谐与社会主体结构的和谐。

第三，贫困阻碍了社会民主化建设的进程。众所周知，在一个国家或地区，贫困人口的大量存在肯定不利于推进民主化进程。对于绝对贫困者而言，他们很难有效地介入到民主化进程中来，主要原因有以下两个方面。一方面，就基本需求来看，绝对贫困者看重的是能满足其生存需要的基本的物质条件，除特殊条件下的社会动员和集群行为外，他们很难产生主动参与社会事务的意愿和冲动；另一方面，就能力来看，绝对贫困者受教育的时间有限，文化素质不高，他们所处的社会环境相对闭塞落后，因而很难有效地参与社会性的事务。当然，与绝对贫困者不一样，相对贫困者会产生某些主动参与社会事务的意愿和冲动。总而言之，贫困现象会影响一个国家或地区民主化建设进程，不利于整个社会物质文明、精神文明和政治文明的协调发展。

第四，贫困会对社会激励效应产生一种抑制作用，进而阻碍经济增长。尽管适度的收入差距能给市场效率和经济增长带来一种驱动力，然而过于悬殊的贫富差距、不公平的利益格局却会抑制阶层分化可能带来的社会激励效应。参照"贫困文化论"的观点，贫困群体在面临不幸时，由于他们的损失需要花很长的时间才能得到补偿，有的甚至无法获得补偿，这势必使贫困群体产生强烈的受挫感，进而挫伤他们的劳动进取心和积极性。当特定的生活方式与思维方式形成定式以后，便体现为极端的保守性与颓废性心理，从而造成贫困者的行为扭曲，对政府和社会产生过高的依赖感和期望值。当前社会中偷、抢现象比较多，无不说明这个道理。与此同时，贫困群体因陷入贫困状态而缺乏应有的发展能力和机会，这无形中就造成了人力资源的巨大浪费，导致社会不和谐。另外，贫困的存在和蔓延不但造成社会财富分配失衡，而且还会成为阻碍社会经济发展的绊脚石。众所周知，贫困人口过多自然就会给整个社会的生产效率带来诸多负面影响，当社会财富过于集中地被少部分人掌控时，大多数人的绝对收入就会下降，这必然影响全社会需求的提高，从而制约经济的进一步增长。同时，社会财富分配的失衡还会导致社会信心和社会凝聚力不足，阻碍社会经济协调发展。

第五，贫困将形成并加剧社会对抗和社会冲突的风险。社会分层理论的观点明确表明，一个社会阶层结构的分布状态与这个社会的稳定程度密切相关，社会阶层结构呈橄榄型分布的结构最稳定，也就是说，如果中间阶层的人数占主体，高收入阶层和低收入阶层的人数都占少数的话，这个社会的稳定系数就较大。要降低一个社会的动荡不安的程度，提高其稳定系数，十分必要的举措就是减少这个社会的贫困人口的数量，从而降低社会贫困阶层与其他阶层发生冲突的概率。因为贫困意味着能力和机会的缺失，也意味着资本短缺和物质匮乏，它很可能会剥夺人的良好意愿和兴趣，产生社会利益冲突。同时，贫困将不断拉大阶层间的裂缝，使得贫困群体产生一种对社会的抵触情绪和仇视心理。根据社会学家威尔逊的"集中化效应"理论，贫困群体容易产生属于他们自己的，反主流的病态文化，出现仇视社会的"失范"行为，表现出社会冲突的种种迹象。从这个意义上说，对贫困者进行社会救助不仅是为了贫困群体自身生活环境的改善，也是保证社会稳定发展、不断进步的必然要求。

贫困理论在对贫困成因探讨的基础上，认为社会要有序运行，就必须对贫困者实施社会救助。这不仅被人们普遍接受认可，也为社会救助制度的完善提供了理论支持与可操作性的建议，并在实践中对社会救助政策的实施提供了"以人为本"的价值规范。

第二节 风险社会理论

德国社会学家乌尔里希·贝克在其1986年出版的《风险社会》一书里，首次提出了"风险社会"概念。近30年来，这一理论在社会科学理论界和政策研究界的影响与日俱增。

一 风险社会理论的代表性观点

当前最具代表性的风险社会理论有乌尔里希·贝克的风险社会理论、安东尼·吉登斯的结构制度风险社会理论和斯科特·拉什的风险文化理论等。风险最初被理解为客观的危险，体现为自然现象或者航海遇到礁石、风暴等事件，其现代意思已经不是最初的"遇到危险"，而是"遇到破坏或损失的机会或危险"。德国社会学家乌尔里希·贝克早在20世纪80年代就提出"风险社会"理论。"风险社会"是指工业主义的一个日益不可把握的阶段，并且被疑虑笼罩，因为它处于人为制造的自我毁灭的可能性的阴影中，提出了自我限制的主题。[92]这才是风险社会的新意，它与所有相互角逐的概念形成了对照。[93]吉登斯判断，我们身处一个生态破坏、贫困、全面战争和极权政治的高风险社会，而各类风险都是人类行动和抉择的未能预期的后果。[94]吉登斯认为风险社会具有以下四个特点。一是风险的人为性与社会性，风险社会的风险源于人类自身，是科技进步与社会发展的副作用和负面后果。二是风险遍及全球，风险社会里的风险无论是风险发生的时空还是风险导致的社会后果，都呈现出一种全球性漂移、难以预测、不可控制的特点。三是风险的有限可控性，人类虽然通过自己的智慧和顽强有能力可以将风险降到最低，但是不可能彻底避免和根除风险。四是风险影响的双重性，毋庸置疑，风险会给人类带来灾难，也会给人类带来机遇。

人们一想到"风险社会"这一概念，脑海里就会出现一幅充满凶险、各种灾难爆发、到处都是被悲观沮丧的气氛所笼罩的图景。实际上，吉登斯告诉我们风险社会并没有人们想象中的那么恐怖，风险社会描述的只是这样的事实：现代社会中出现的许多灾难性后果（如温室效应、全球变暖、生态危机、环境污染等）在很大程度上是由人类自己"制造"出来的，这些后果超越了传统自然灾难带来的后果，成为"风险社会"中的主要风险。与人们的想象相反，"它是一个越来越关注未来（还有安全）的社会"。[95]

风险社会的到来，使得"技术进步与社会进步统一的和谐公式"受到人们的多方质疑，技术经济发展的合理性正在日渐失去其文化共识。这种进步信仰的终结将会对社会政治的未来发展带来什么影响？贝克认为有三种可能性。一是回归工业社会。无视风险社会中的风险的本质，依然沿用工业社会的经验模式，试图将问题"最小化"，它对风险社会可能带来的种种冲击采取一种视而不见的"鸵鸟政策"，因此这种社会对现代风险是不设防的。二是技术经济发展的民主化。人们认识到风险社会且把所有的东西都转变成了决策，因而必须在原本排斥民主政治体系中引入民主决策机制。三是分化的政治。所有工业社会中的制度垄断（包括科学对理性、男性对工作、婚姻对性行为和政治对政策的制度垄断）都被打破了，政治将变为分化的、没有中心的政治，这需要通过自我批判的可能性来实现。在科学技术的发展中，自我批判的制度化是非常重要的，在很多领域，没有适当的技术知识，规避风险的可选择的方法是认识不到的。这就意味着在研究某些科学技术之前，需要对其风险进行充分的讨论和研究。

二 风险社会理论在社会救助中的应用

风险社会作为一个概念，是对目前人类所处时代特征的形象描绘。在这个阶段，人类面临新出现的技术性风险，比如核风险、化学产品风险、基因工程风险、生态灾难风险等。[96]因此，有备无患地直面风险社会，特别是对防灾减灾体系不健全，面对各种各样的灾害侵袭往往不堪一击的中国大部分地区来说，尤为紧迫。首先，在态度上必须认识到随着经济和社会全球化的加速，人类所赖以生存的环境和经济社会结构变得越来越敏感和脆弱，甚至可以说一个很小的冲击都可能引发系统的紊乱和破坏，加之社会冲突、恐怖主义、技术性灾难、金融危机，比任何时候都更有可能且更加容易冲击到社会经济的发展。因此，我们对此必须有清醒的认识，这样才能对可能冲击经济与社会发展远景目标和方向的因素进行预警和干预，防患于未然。这其中包括建立风险管理计划，建立预警系统，建立与经济和社会发展相匹配的风险管理机构等。其次，在做法上，我们必须对各种风险进行理性的分析，既要看到自然的力量是不可抗拒的，又要看到经过努力把各种风险和损失降低到最低限度是可能的、办得到的。只有这样，才能对可能发生的冲击经济和社会发展的突发事件做出快速反应。最后，在理念上，风险社会不仅仅是一个认知概念，还是一种正在出现的秩序和公共空间。正如风险社会理论的首创者和构建者贝克、吉登斯等人所说，风险社会的秩序并不是等级式的、垂直的，而是网络型的、平面扩张的，因为风险社会中的风险是"平等主义者"，不会放过任何人。[97]此外，风险的跨边境特征要求更多的治理主体出现并达成合作关系。"在现代社会中，可能性低但后果严重的风险决不会消失，尽管乐观地说，它们可以被降到最低程度。"[98]在吉登斯看来，应对风险社会的最基本策略就是建立安全保护壳。这里的安全保护机制包括建立有效的社会救助体系。[99]

人们普遍认为，"风险社会"理论很好地分析描述了社会结构特征，为我们提供了理解现代社会的发展和现代化进程的视角，为制定社会政策提供了有益的思路。风险社会的风险性早已超出了一定地域、某个地区或某个国家的范围，所有的风险都是全球性的、世界性的。一国的风险会迅速蔓延到其他国家，一个地区的风险会影响到全世界。这就要求我们每个人都要有社群意识，需要从共享的角度去思考问题，没有一个人能够脱离群体而生存，每个个体生活状况的好坏与他人、周边环境休戚相关。风险社会理论的这种思想对于构建现代的社会救助理念和制定社会救助政策具有重要的借鉴意义。

第三节　社会支持理论

社会支持作为一个科学的专业术语出现于20世纪70年代。当时的精神病学文献中首次引入社会支持的概念，社会学和医学用定量评定的方法对社会支持与身心健康的关系进行了大量的研究，认为良好的社会支持有利于身心健康，社会支持一方面对处于压力状态下的个体提供保护，即对压力起缓冲作用，另一方面对维持一般的良好情绪体验具有重要意义。近30年来，学者们从不同的视角，在对各个领域之间和领域内部研究的基础上，对社会支持的内涵、类型及体系的构成进行了阐述。

一 社会支持理论的代表性观点

关于社会支持的内涵，Caplan认为社会支持是为个体提供有助于认识其自我的机会，并使个体对他人的期望得以维持的社会集合。该集合是一个持续的集合，在构成这个集合的成员中，具有支持性的他人会在个体需要时提供信息、实际的帮助、认知上的指导以及情感的支持。[100] House和Turner提出，社会支持通常指在处于痛苦煎熬中的个体周围的有意义的人群，如家庭成员、同事、亲戚、朋友和邻居等对其所起的作用，这种支持包括物质、情感和信息三方面的帮助。其中，物质帮助包括具体的物质和实际行为；情感帮助指提供帮助时给予的爱意、体贴、肯定和尊重；信息的帮助指交流时给予的建议、反馈和能提升生活品质的信息。[101] Gottlied指出社会支持是具有多重维度的，在个人及社会环境之间存在着多种水平的关系：人们的整体参与水平、社会支持环境的来源和社会支持是否能为个人提供如归属感、情感、物质或信息的帮助，它既包括个体内在的认知因素，又包括环境因素，直接反映了个体之间的相互作用；它涉及家庭内外的供养与维持和各种正式、非正式的支持与帮助，是一种单向的关怀与帮助，也是一种社会互动关系。[102] 林南在综合许多学者对社会支持理论研究的基础上，认为社会支持是由社区、社会网络和亲密伙伴所提供的感知的和实际的工具性或表达性支持。社会网络指的是个人可以直接接触的同事、亲戚、朋友等，这些人对个人来说非常重要。亲密伙伴是个人生活中的一种紧密关系，关系中的人认同和期待彼此负有责任。工具性支持包括协助、引导、解决问题的行动和有形支持等；表达性支持包括情绪支持、心理支持、情感支持、自尊支持、认可等。在国内，郑杭生认为："在笼统的含义上，我们可以把社会支持表述为各种社会形态对社会脆弱群体即社会生活有困难者所提供的无偿救助和服务。"[103]李强认为："从社会心理刺激与个体心理健康之间关系的角度来看，社会支持应该被界定为一个人通过社会联系所获得的能减轻心理应激反应、缓解精神紧张状态、提高社会适应能力的影响。"[104]陈成文认为："社会支持是一定社会网络运用一定的物质和精神手段对社会弱者进行无偿帮助的一种选择性社会行为。"[105]而蔡禾等学者则把社会支持称作"社会支援"，他们认为，"从广义上讲，社会支援指人们在社会中所得到的、来自他人的各种帮助"。[106]综上所述，研究者们因研究目的、研究视角不同，对社会支持的定义也不尽相同。尽管学者们对社会支持的内涵仁者见仁、智者见智，但纵观国内外学者对社会支持的界定，我们认为社会支持主要包括两方面内容：一是客观可见的支持，如物质支持、行动支持等，这种支持不以个体的主观感受为转移，是客观存在的现实；二是主观体验的支持，即个体在现实社会生活中受尊重被体谅的情感支持、心理支持等，这种支持与个体的主观感受相关。

关于社会支持的类型，学者们从各自的研究目的出发，从不同的标准与角度对社会支持进行了分类。Pattison等根据社会支持的性质将其分为情感性支持和工具性支持两种。库恩等将社会支持区分为满足自尊的支持、归属性支持、赞成性支持和物质性支持。Barrera和Ainlay按照社会支持的功能将社会支持分为物质的帮助、亲密的交往行为、行为的援助、反馈、指导、积极的社会交往。[107] Cohen 和 Wills 则根据社会支持所提供资源的不同性质将社会支持分为情感支持、信息支持、友谊支持、工具性支持。[108] 国内学者肖水源则把社会支持分为客观支持、主观支持、个体对社会支持的利用度。[109] 程虹娟等将社会支持划分为情感支持、物质支持、信息支持及陪伴支持。[110]

关于社会支持体系的构成，学者们都指出社会支持系统是一个复杂的多维体系。一般而言，社会支持系统由客体、主体、手段和内容等要素构成。社会支持的主体即社会支持的施者。从 House 和 Turner 对社会支持的定义中，我们可以看出，其社会支持的主体为"重要的他人如同事、家庭成员、亲属、朋友和邻居等"；郑杭生认为，社会支持的主体是"各种社会形态"，即国家、社团、企业和个人，在他们看来，广义的社会支持分为国家支持、经济领域支持和狭义的社会支持；[111] 陈成文把社会支持的主体界定为"社会网络"；[112] 李强则认为，社会支持的主体乃各种社会联系。可见，在大多数学者的视野里，社会支持主体包括各种正式的和非正式的关系网络。社会支持的客体指社会支持的接受者。[113] 社会支持的客体究竟应该包括哪些人呢？对此，有两派观点。一派认为社会支持的客体是选择性的，主要应该是社会弱势群体。如陈成文指出，社会支持是对社会弱者进行无偿帮助的一种选择性社会行为。另一派认为，社会支持是一种普遍性的社会行为，日常生活中的每个个体都有可能是社会支持的客体。一般来说，国内大多数学者将社会支持的客体界定为社会弱势群体，而大多数国外学者认为，社会支持应该覆盖到所有需要提供支持的个体或群体。社会支持的手段与内容被有的学者称为社会支持的介体。它们是连接社会支持主体与客体的纽带，也是架设在社会支持主体与客体之间的桥梁。社会支持的手段与内容是内在统一的。从一定意义上说，社会支持的内容决定了社会支持的手段。换言之，有什么样的社会支持内容就有什么样的社会支持手段。

二 社会支持理论在社会救助中的应用

现代社会是风险社会，而社会风险往往最容易在社会弱者身上爆发，而且社会弱势群体抵御、化解社会风险的能力较弱，所以，在现代社会中大量存在的弱势群体往往会成为危及社会稳定、影响社会发展的一个隐患。正是在此基础上，现代社会学提出了社会支持理论。尽管社会支持在主体、内容以及手段等方面与社会救助有着显著的区别，但是二者在历史起源、客体结构、保障目标等方面都是相同或者相近的。比如，社会救助与社会支持都是与人类社会共始终的。人类在进化过程中，一开始过的就是相互支持、相互依存的群体生活。因此，从某种意义上说，自从有了人类，也就有了以社会救助为内容的社会支持。同时，无论是社会救助还是社会支持，其对象都是在生活世界中遇到困难并需要帮助者。从施行社会救助与提供社会支持的目的来说，二者都是为了追求社会公平，减少社会风险，维护社会稳定，促进社会发展。因此，它们都是以"社会"为终极价值目标的，都是积极的社会行为。[114]社会支持理论在这一问题上的基本观点如下。

第一，社会支持为社会救助提供了良好的社会环境。实施有效的社会救助是进行社会支持系统建构的一个重要部分，但又不是全部内容，即二者不能画等号，前者不能取代后者，社会支持系统的范围要比社会救助系统的范围宽广得多。这就意味着强大的社会支持系统可为有效实施社会救助提供较好的社会条件和环境。

第二，要树立社会支持理念，强化社会救助意识。人们生活在这个世界上需要彼此支持，相互帮扶，共同进步，一起发展。现代社会需要我们每一个个体都具有助人意识、具有救助弱者的思想。尤其是在社会转型时期，由于社会流动加快、社会分层加剧，一些个体由于某种原因陷入不利的处境，他们需要政府、社会向他们伸出援助之手，助其渡过难关，这于被救助者、于社会都意义重大。所以，要建构强大的社会支持系统，必须强化社会公众的社会救助意识。

　　第三，要建构自助与互助二者有机结合的社会支持系统。社会支持系统工作模式最理想的结果是"助其自助"，即协助个体构建起一个适合其个人的社会支持系统，使其通过该系统能实现自助。建构社会自助和互助相结合的社会支持系统的途径主要有四个。其一，通过政府的相关政策和行为构建社会支持系统。现代社会为全体社会成员提供社会支持是政府的责任和义务，政府要通过社会管理职能以及政府行为为社会提供支持。政府一方面可以通过制定和实施社会政策向社会成员提供社会支持；另一方面也可以根据国家法律，建立必要的管理机构，应用法律手段保护社会成员的权利和利益。其二，通过"第三部门"的力量构建社会支持系统，当前"第三部门"在社会公益事业中发挥着越来越重要的作用，因此在构建自助和互助相结合的社会支持系统时同样可以充分发挥"第三部门"的作用。其三，通过社区构建社会支持系统。通过强化社区意识，提供社区服务，来建立社区互助的认同感和责任感。其四，通过个体的社会关系网络来构建社会支持系统。社会中每个成员都要承担各种不同的社会角色，拥有各种各样的社会关系和社会资源。因此，充分利用父母、夫妻、兄弟、姐妹、亲戚、朋友、同学、老师、同事、老乡、邻里等个人的社会关系，不失为一个构建社会支持系统的好方法。

可见，社会支持理论对于设置社会支持目标、划分社会支持类型、构建社会支持体系、设计社会救助的目标与内容、构建社会救助体系以及具体实施社会救助都具有重要的参考作用。

第四节　社会分层与社会流动理论

社会分层和社会流动是对某个国家或地区同一类社会现象所做的两种视角的分析和描述。社会分层是从静态的角度，分析描述社会阶层结构的分化内容、形式、形成的层次和分布形态，是研究社会阶层结构分化的质变过程。社会流动是从动态的角度，分析描述社会阶层结构分化中各层次间的互动、动力机制、时空范围、方向和速度，是研究社会阶层结构分化的量变过程。社会分层研究与社会流动研究互为表里，不可或缺，是相辅相成的关系。

一　社会分层与社会流动理论的代表性观点

社会分层指的是按照一定的标准将社会成员划分为高低不同的等级序列的过程，是社会学领域中的一个最重要的研究论题，许多社会学理论大师都曾涉及这一论题并提出相关理论。同时，也有大量的社会学家专门从事社会分层研究，因此，长期以来，有关社会分层的研究一直是成果极为繁多，理论层出不穷，并产生了许多分支的研究领域。社会分层研究的主题与理论动向往往与社会变迁及社会思潮的新趋势紧密相关，因而在不同时期它有不同的关注点和理论取向。传统的社会分层理论主要由两大派系构成：马克思主义学派和韦伯学派。前者主要根据人们对生产资料的拥有情况来划分社会阶层；而后者则采用财富、声望和权力三个指标来划分社会阶层，它打破了马克思的单一思维方法，强调多因果关系。韦伯之所以把这三个指标作为划分社会阶层的标准，是人们在追求社会地位时，不同的职业阶层往往会有不同标准，同时在不同社会，不同的社会群体追求的社会资源也不一样。当然这里的资源不仅仅指经济上的财富。此外，马克思强调社会存在决定社会意识，社会结构决定人们的社会行为；而韦伯则强调个人主义，认为个人行为是构成社会结构的一种主动的生成力量，他们侧重点的不同恰恰反映了个体主义和整体主义在方法论上的不同。当然，作为同是古典经济学家的马克思和韦伯也有相同之处，他们都研究宏观的定性的理论问题。受他们的影响，当前社会分层理论发展成了三大派。第一派是阶级学派，仍主张把社会成员划分为不同的各个阶级。第二派以美国加州大学洛杉矶分校的戴蒙为代表，其理论观点是主张以职业、声望作为主要指标来划分阶级。戴蒙把经济的、社会的、教育的各种指标做成一个综合指数，用综合指数的评分给100多个职业分层排列。排在前五位的是大学校长、法官、大检察官之类的职业，排在最后的是清洁工之类的。第三派以法国的皮埃尔·布迪厄为代表，其理论特点是用人的消费嗜好，或者叫偏好，来划分阶级。在布迪厄看来，一个人属于哪个阶级不在于其拥有多少财富，而在于其消费了什么东西，消费了哪个阶层的东西。他把生活里的四五十种消费品按偏好分出等级，这些消费品从汽车、房子到香水、鲜花，无所不包。布迪厄的这种划分阶级的方法在社会学的经典理论里是很少有的，它提供了一个新的划分阶级的视角，所以这个理论引起了大家的极大兴趣。[115]

其实，不管采用哪一种方法进行社会分层，社会分层的实质都是社会发展过程中存在的社会利益关系及其不平等的利益分配格局的观念反映，即不同的社会群体或社会地位不平等的人占有哪些在社会中有价值的事物，例如财富、收入、声望、教育机会等。因此，社会分层研究的问题取向在于：哪些方面存在不平等以及不平等严重到何种程度？导致不平等现象的根源是什么？在社会变迁的过程中社会不平等的变化是什么？这种社会不平等对特定社会体系具有什么样的影响？如何解决这种影响？

社会流动即社会成员社会位置的变动，它主要表现为社会成员的社会地位的变更和社会角色的转换，实质上就是指社会成员的社会关系发生了改变。[116]社会流动反映的是社会内在结构即微观社会结构的变化。影响社会流动的因素主要有个人因素和社会因素，个人因素包括先赋因素与自然因素；社会因素包括社会制度和社会政策、社会生产力的发展状况、文化价值观念等方面。按照社会流动理论的观点，合理的社会流动对社会的发展具有重要的作用，它可以形成一种"给补机制"，使得社会成员能人尽其才，使得社会机体能保持应有的生机与活力，从而促进社会全面、协调、持续的发展。

首先，合理的社会流动能够在社会中形成一种新陈代谢机制，从而有利于社会良性、有序发展。如同生物的发展进化建立在生物机体新陈代谢的基础之上，社会的发展进步也建立在社会机体新陈代谢的基础之上。而要完成社会机体的新陈代谢，则需要通过社会流动来实现。例如，职工队伍保持经常的合理的流入与流出将有助于增加生机与活力；管理队伍保持经常的合理的向上流动和向下流动将有助于增加生机与活力。由此可见，合理的社会流动将促进社会机体的新陈代谢，不断给社会机体带来生机与活力，从而促进社会良性、有序的运行。

其次，合理的社会流动能够在社会中形成一种拾遗补阙的社会机制，从而有利于社会全面、协调发展。社会转型期间，社会的不同层面、不同地区和行业以及不同部门等不可能等速地发展，一定会有先后和快慢，这种先后和快慢就是不平衡、不协调的现象。从劳动人事的角度来看，这种不平衡现象导致有的地区、行业和部门人口密集、人才过剩、劳动力多余，而有的地区、行业和部门可能人口稀少、人才稀缺、劳动力不足。这种状况如不能得到及时调整的话势必造成人力资源的浪费，给社会的发展带来不利的影响。而合理的社会流动恰好能调节这一问题，拾遗补阙社会机制使人口从密集地区向稀少地区流动，使劳动力从多余的行业向不足的行业流动，使人才从过剩的单位向稀缺的单位流动，从而达到人力资源的合理配置。由此可见，合理的社会流动有助于人力资源的有效配置，使每个人的才能得以充分发挥，进而促进社会结构得到优化，使得社会得以全面、协调发展。

最后，合理的社会流动还能够在社会中形成一种优胜劣汰的社会竞争机制，从而促进社会快速、持续发展。一般情况下，社会成员与社会位置的结合表现出三种态势：好、中、差。三种态势说明社会成员与其现处的社会位置依次是非常合适、基本合适和不合适。好的态势才是社会成员与其社会位置的最佳结合，是最有利于社会的发展与进步的，而只有通过合理的社会流动才能实现这种结合。因为，合理的社会流动能形成优胜劣汰的社会竞争机制，它会使失去优势的、不再适合其社会位置的社会成员与其社会位置相剥离，同时使逐渐获得优势的、适合某一社会位置的社会成员与这一社会位置相结合。这种"剥离""结合"的优胜劣汰的社会流动，既是促进个人和群体自我提高、自我发展的强大社会动力，也是推动社会快速、持续发展的基本力量。

二 社会分层与社会流动理论在社会救助中的应用

社会分层与社会流动理论对社会救助的意义主要体现在以下两

个方面。

第一，社会分层在客观上为社会救助提供了对象。社会稳定是一个社会发展的基础与前提，没有社会的稳定，社会的进步与发展都无从谈起。尽管我们不能断定一个没有强弱之分的社会就一定是一个稳定的社会，但是我们能肯定地说，一个强弱对比分明的社会必定是一个不稳定的社会。社会强势群体占据了大部分的社会资源，这势必造成弱势群体的心态失衡，加剧社会各阶层间的利益冲突。在我国，它还会使人民对改革丧失信心，影响社会主义事业的顺利进展。特别是当弱势群体将自己的不如意归结为强势群体的剥夺或社会政策的缺位时，他们中间的一些人就会产生严重不满情绪和仇视心理，当这种不满和仇视不断积聚，达到一定程度、超过一定范围时往往会造成社会冲突的发生。近年来，我国城市中因困难职工问题导致的群体性事件时有发生，农村中因税收、征地而造成的大规模、有组织的突发事件（如集体上访、堵路）也呈上升趋势，这些都对我国社会稳定构成了严重威胁。

社会不同阶层的存在意味着社会弱势阶层的存在，在制度设计中、在社会运行中如何对待处在社会底层的社会群体是一个社会和谐稳定的重要判断依据。承认这个阶层的客观存在并依法通过政策措施帮助这个群体是促进社会良性运行的基本要求。因此，从某种意义上说，社会分层对社会救助提出了必然性要求，因为社会分层在客观上为社会救助提供了对象。[117]

第二，社会救助帮助社会底层成员实现向上流动。每个社会在各个领域中都存在等级序列，社会成员因为其占据的位置不同其社会地位也有高低之别。我们不能凭一个社会是否存在等级序列和地位高低之别来判断这个社会是否公正，社会中存在等级序列和地位高低之别是一种正常的现象，是社会个体能力、素质有别的一种体现。问题的关键在于这个社会的等级序列是不是凝固不变的，如果普通的、底层的社会成员也具有向上流动的自由和机会，那么，这个社会就是有弹性结构的社会。一个和谐、良性运行的社会一般具有通畅、有序的社会流动机制，任何阶层特别是具有较高社会位置的阶层都不会人为设置障碍来排斥其他阶层的成员进入本阶层，社会位置较低的弱势成员通过自身的努力能够获得向上流动的机会。社会既为位置较低的弱势成员改善处境提供平等的机会，又为优秀者的胜出提供有效的途径，这样的社会结构才更具有活力，更具有和谐性。

社会救助的内容告诉我们，基本生活救助可以帮助贫困者解决生存问题，临时救助可以使弱势群体渡过临时难关，获得重新发展的机会，教育救助、医疗救助、住房救助以及法律援助等可以在一定程度上改善贫困者及其下一代的生活境遇，帮助他们实现向上流动。

第五节　可持续发展理论

可持续发展理论的形成经历了很长的历史过程。20 世纪 50 ~ 60 年代，人们在经济增长、城市化、人口、资源所形成的环境压力下，开始对粗放型的发展模式产生怀疑，并展开发展模式新探索。

一　可持续发展理论的代表性观点

1987 年世界环境与发展委员会在《我们共同的未来》这一报告中第一次阐述了可持续发展的概念，随后很快得到国际社会的认同，成为人们的共识。经过 20 多年的发展，这一理论得到了不断完善发展。可持续发展是指既满足现代人的需求而又不损害后代人满足其需求的能力。换句话说，就是指经济、社会、资源和环境保护协调发展，它们是一个密不可分的系统，既要达到发展经济的目的，又要保护好人类赖以生存的大气、淡水、海洋、土地和森林等自然资源和环境，使子孙后代能够安居乐业和永续发展。

可持续发展定义有两个要素："需要"和对需要的"限制"。满足需要，就是要满足贫困人民的基本需要。对需要的限制主要是指对未来环境需要的能力构成危害的限制，这种能力一旦被突破，必将危及大气、水体、土壤等这些支持地球生命的自然系统。决定基本要素的关键点有三个：一是收入再分配，保证为了短期生存需要不会耗尽自然资源；二是增强穷人对遭受自然灾害和农产品价格暴跌等损害的应对性；三是提供可持续生存的卫生、教育、水和新鲜空气等基本条件，保护和满足社会最脆弱人群的基本需要，为贫困人民提供平等的发展机会和选择自由。

可持续发展具有如下五个方面的特征。一是跨世代性。从时间上看，可持续发展指的是世世代代不间断的永续发展。这就要求当代人在谋求经济社会的发展时，要按照有利于或者至少不损害后代人发展的原则，处理当代发展与后代发展之间的关系。二是整体性。从空间上看，可持续发展指的是各个地区、整个国家乃至全球作为一个整体的发展，是整个社会范围内各个阶层、各个群体都增进利益的共同发展，而不只是某个地区或某部分人的发展。三是综合性。从内容上看，可持续发展指的是生态、经济和社会三个系统的全面综合发展。其中，生态发展是基础，经济发展是条件，社会发展是目的。四是协调性。从结构上看，可持续发展指的是在不同地区之间、不同国家之间、不同社会阶层（集团）之间、经济与社会之间、人与自然之间，在发展中协调、和谐，以实现共同进步和繁荣。五是反周期性。从过程上看，可持续发展指的是要尽可能地减少或避免波动的发展，每一个时期都能在前面发展的基础上稳步前进、继续发展。[118]

应该如何实现可持续发展呢？可持续发展理论提出了一个中心、三条原则。所谓一个中心指的就是可持续发展是以人为中心的全面发展。人的全面发展有五个方面：一是政治自由，如果没有表达政治意愿或发展要求的自由，人们的发展机会和生活方式就会减少；二是经济机会，个人享有和运用经济资源进行生产、消费和交换的机会，市场经济能充分为人们提供的这种机会；三是社会机会，在教育保障、就业等方面的社会安排；四是透明性保证，人们在参与经济发展中需要的信息的对称性、公开性和准确性保证；五是保护性保障，为受到突发性困难或灾害的人提供保障性救助，为贫困线以下的失去劳动能力人口和弱势人口提供社会安全保障。[119]为此，它要求社会中所有成员素质得到提高，基本需要能够得到满足，潜能得到充分发挥。素质的提高是人的全面发展的关键，基本需要的满足是人的全面发展的基础，潜能的发挥是人的全面发展的目的。三者彼此联系，相互影响，缺一不可。可持续发展要充分调动每个劳动者的积极性，让他们最大限度地发挥聪明才智，这既是目的，也是手段。三条原则就是公平性、持续性和共同性原则。公平包括代内公平，也包括代际公平。代内公平即本代人的公平，指的是社会要满足全体人民的基本需求和给全体人民机会以满足他们要求较好的生活条件的愿望。面对当今世界贫富悬殊、两极分化的现实，可持续发展理论提出应给世界以公平的分配和公平的发展权，要把消除贫困作为可持续发展进程特别优先的问题来考虑。代际公平即世代平等，就是要认识到人类赖以生存的自然资源是有限的，本代人不能因为自己的发展与需求而损害人类世世代代满足需求的条件——自然资源与环境，要给世世代代以公平利用自然资源的权利。

二 可持续发展理论在社会救助中的应用

一方面，可持续发展理论有助于形成科学的社会救助理念。根据可持续发展理论，我们可以得出，关注和帮助弱势群体是一个国家或地区可持续发展的客观要求。可持续发展是一种永续发展，它是新时期我国的经济社会发展的两大战略之一。实施可持续发展战略的目标，就是要使我国的经济和社会的发展有后劲、有持续性，而庞大的贫困群体的存在显然与可持续发展战略相背离。因为，可持续发展是全面协调的发展，而合理的社会阶层结构是一个社会要全面协调发展的必然要求。经验表明，如果少数的社会上层占据了绝大部分的社会资源，而多数的社会下层却处于赤贫状态，这样的社会是绝不可能持续发展的。其实，在一个社会的各个阶层中，弱势群体和强势群体至少应当拥有平等的发展权利，甚至弱势群体的发展权更重要，因为强势群体与弱势群体是相互依存的，弱势群体的发展是强势群体持续发展和社会整体持续发展的必要条件。因此，保护弱势群体、促进弱势群体的发展不是对弱势群体的一种恩赐，而是政府的责任，是整个社会的责任。

另一方面，可持续发展理论有助于对社会救助内容的认知深化和对社会救助效果的科学评价。根据可持续发展理论的观点，贫困不再是缺吃少穿，而是缺少参与发展的能力和机会。这种能力的缺少体现的是人力资源和自然资源不足，这种机会的缺少，体现的是贫困群体发展的机会和参与发展、享受政府公共服务的机会不够。宏观经济发展的成果难以直接给弱势群体、贫困地区的发展带来好处，这就需要社会救助制度做出合理的分配制度安排，推进包容性和参与性的治理，使弱势群体的利益得到充分考虑，促进经济发展更加全面、社会利益分配更加公平、贫困普遍得到消除。从可持续发展的角度来看，衡量社会救助成效应以社会救助措施和受救助者在救助政策促动下自身努力为共同的结果，只有在此基础上，才能通过原有的贫困状况和评价指标来确定社会救助的成效。

第六节　福利经济学理论

福利经济学是研究如何增进社会福利的西方经济学分支，主要内容包括如何进行资源配置以提高效率、如何进行收入分配以实现公平以及如何进行集体选择以增进社会福利。

一　福利经济学理论的代表性观点

首创福利经济学理论体系的是英国著名经济学家庇古，1920年，他出版的《福利经济学》标志着福利经济学成为独立学科。目前，经济学界一般将福利经济学的发展分为新旧两派。旧派以庇古为代表，新派起源于意大利著名经济学家帕累托，主要代表有英国的卡尔多与希克斯、美国的勒纳与萨缪尔森等。庇古以功利主义哲学及马歇尔的基数效用论和局部均衡论作为理论基础，以完全竞争为前提，系统地论述了福利的概念以及如何增进社会福利的政策选择。庇古提出，个人的福利可以用其所享受的物的效用来表示，而整个社会的福利应该是一个社会中所有个体效用的总和。他论述了社会福利与国民收入之间的关系：国民收入水平越高，社会福利就越大；国民收入分配越平均，社会福利越大。那么应当如何增进社会经济福利呢？依据边际效用递减规律，庇古认为，同一英镑的收入对穷人和富人的效用是不相同的，穷人一英镑收入的效用要大于富人一英镑收入的效用。所以，将富人的一部分收入转移给穷人会使社会总效用增大。据此，庇古提出了"收入均等化"有助于增进社会经济福利的观点，指出社会福利会因收入分配均等化而增大。英国经济学家卡尔多的虚拟补偿原理认为，任何社会变革都会有受益者与利益受损者，在某一项社会变革中，如果受益者在补偿受损者后仍有剩余，那么这种变革就应该予以肯定，应该可以认为这种变革提高了社会福利。希克斯在继承卡尔多的虚拟补偿原理的基础上进行了补充和发挥，提出了假定补偿原理。希克斯提出判断社会福利的标准应该从长期来观察，只要政府的一项经济政策从长期看能够提高全社会的生产效率，那么所有人的境况都会由于社会生产率的提高而获得补偿。阿马蒂亚·森认为传统福利经济学理论有片面强调经济之嫌，以为只要财富的增长就可以解决贫困、社会不公平等问题。其实经济增长之所以重要并不是因为增长本身，而是因为增长过程中所带来的相关利益。所以，经济学不应当只研究总产出、总收入，还要关注人的权利和能力的提高，并把贫困与能力结合到福利经济学的框架中来，认为创造福利的不是商品本身，而是它所带来的那些机会和活动。而要分享这些机会、参加这些活动必须要求个体具备一定的能力。当然，个体要形成达到最低可接受的基本生活水平的能力，可能需要有不同的最低充足收入为基础。

二 福利经济学理论在社会救助中的应用

从福利经济学的发展历史来看，新旧两派福利经济学虽然有别，但追求福利的最大化始终是他们共同的目标。福利经济学在长期发展过程中形成的一些基本精神和理念，如社会中的贫困者需要救助，公民的生存与发展应该有所保障，由于非自我原因的损坏应该得到补偿等，不仅为人们所普遍认同，也为社会救助制度的存在及不断完善提供了理论支持和可操作的建议。

庇古的福利经济学理论，在理论上论证了社会救助在增进一国福利方面的作用，其收入均等化、国家干预论等观点及转移支付主张，对社会救助政策的制定具有重要的借鉴意义。在现代社会中，尤其是在经济、社会转型时期，造成贫困的原因社会因素大于个人因素。对于国家和社会来说，社会救助是其不容推卸的社会责任。社会救助制度应当视为纯粹的政府行为，是一种完全由政府运作的最基本的再分配或转移支付制度。因此，社会救助是每个公民应该享有的受法律保护的基本权利，受助者不应该受到任何歧视和偏见。此外，庇古对穷人享受富人转移的福利也提出了一些原则要求，例如，最好的福利补贴是"能够激励工作和储蓄"的补贴，福利补贴要防止懒惰和浪费等，这些原则为设计社会救助制度提供了指导。补偿原理认为在市场机制的作用下，价值规律的作用及资源的稀缺性，往往容易产生贫富两极分化、收入分配不公、贫穷等社会现象，国家应通过赋税政策来予以调节，从受益者那里取走一部分补偿受损者。同时，市场在资源配置上强调物质资源的配置而忽视了人力资源的配置，社会救助作为一种补救模式与手段可以弥补市场分配的缺陷，对摆脱贫穷进行帮助，"是从人力资本数量和质量两个方面来保障对经济发展必要的要素投入，是在更宏观的意义上促进人力资源的有效配置"[120]。补偿原理为国家通过经济干预措施来获得社会救助的资金提供了理论依据。阿马蒂亚·森的能力福利理论为评价社会救助制度提供了标准，为改革完善提供了新原则。传统的贫困指数仅仅反映了多数人生活状态的平均数，而忽视了贫穷群体内部的不同贫困程度和福利分配的状态，它难以科学反映很多人仍然一贫如洗的事实。以此为基础构建起来的社会救助制度针对的是所有的生活在贫困线以下的穷人，而忽略了最贫穷的穷人，这导致他们无法从中受益。基于此，他认为社会救助制度是"使一定的资源就像经过漏斗一样进行分配"的制度[121]，既没有实现资源的有效配置，也没有遵循福利最大化的分配原则。所以，理想的社会救助实行的是具有"瞄准性"和"选择性"的救助政策。同时，阿马蒂亚·森认为传统的社会救助制度关注的是救助者收入方面，政策制度设计也主要体现在各种形式的现金收入再分配，这种做法仅仅保障了救助对象的生存。而现实中，贫困者的问题不仅仅是收入低下，他们还可能面临许多其他的问题：一定程度上失去了决策自由，丧失了其他人可以享受的一些机会，包括长期脱离工作造成技术生疏、经济和参与社会活动的机会和信心不足、丧失积极性、体弱多病、人际关系及社会价值与责任感下降、家庭生活损失等。收入再分配只能保障救助对象的生存并维持现状，并不能促进其摆脱现状求得发展。因而十分有必要区别能力贫困与收入贫困的差异，将社会救助的目标从克服收入贫困转为克服收入贫困和消除能力贫困相结合，实施救助与发展相结合，提升救助对象的社会参与能力，协助他们自强自立，最终消除社会排斥，实现社会和谐。

第三章 新型农村社会救助制度实施效果的评价指标体系

为确保社会保障目标的达成，推进社会保障制度建设，各个国家均会构建一套指标，采用一定的方法来衡量其社会保障制度的完善程度和有效性，并以此促进其社会保障制度的不断完善。由于不同国家经济和社会发展水平的不一致，其具体的社会保障制度的构建情况也有区别，因此，其测量社会保障制度的指标体系包含的评价因素也会有所不同。当前我国的社会保障体系还是一种城乡分割的二元模式（当然也有学者认为在农村和城镇之间还存在着"农民工"的社会保障模式），城乡社会保障的发展还不平衡。同时，受当前我国经济发展水平的影响，即使在社会保障比较完善的地区，社会保障的水平、社会保障制度的完善与发达国家相比也还存在着较大的差距（主要表现在社会保障的覆盖范围和保障项目等方面）。因此，在构建我国新型农村社会救助制度的评价指标体系时必须考虑到目前我国社会保障和经济发展的现实，评价指标体系包含的内容相比之下还只是保证农民最基本的生存问题。

分析新型农村社会救助制度的实施效果，目的是要找出新型农村社会救助制度在实际运行中存在的不足及影响因素。按照制度经济学的观点，制度绩效取决于制度安排，而制度安排又取决于制度的结构。所以，考察制度绩效应该从以下两个方面着手。第一，鉴于制度的绩效首先是由制度目标以及制度目标的具体功能来决定的，所以考察制度的绩效首先要看制度的社会性效率。制度的社会性效率即社会效益，通过实施制度来促进社会政治经济的发展而产生的社会效益。第二，从制度成本的角度来看制度本身的设置与运行，是否以最小的成本来取得最大化的收益。[122]参照以上观点，我们主要从以下两个方面分析新型农村社会救助制度的实施效果。一是看农村社会救助制度为农村社会弱势群体维持基本生存、脱贫致富所创造的条件，所产生的实际效果。也就是说，要看新型农村社会救助制度在预防贫困、有效化解社会风险、提高农村社会弱势群体抵御因非主观意愿因素所导致贫困的风险能力中所发挥的功能。二是从制度成本的角度来看，如果一项制度的交易费用越低，那么该项制度就越有效。就新型的农村社会救助制度而言，就是要在已有投入的基础上通过适当的设计和安排，让它能真正维护好农村社会弱势群体基本的生存权和生活权，增强农村社会弱势群体脱贫致富的能力。如果是这样，说明该项制度的交易费用是比较低的。基于此，本书主要用覆盖率、受益度和满意度三个指标来考察新型农村社会救助制度的实施效果。

第一节 覆盖率

从总体上来看，新型农村社会救助制度应该是一种普遍性的制度，也就是说，当每一个农村居民凭自己的能力无法解决困难的时候，他都有权利申请得到相应的救助，救助项目（除特殊的供养救助制度之外），都不应该对申请者预先设立"身份条件"的限制。

新型农村社会救助制度之所以实施普遍性的原则,主要是由以下两种因素决定的。第一,是社会救助的理念和基本原理的要求;第二,是社会的公平性和我国建立城乡统一的市场经济体制和构筑统一的劳动力市场的客观要求。"普遍性"原则是为了更好地保证全体农村困难群众的最低生活水平,稳定社会秩序。从社会的公平性看,我国社会保障制度改革的目标也是要覆盖农村全体劳动者。普遍性原则将会使农村社会救助制度真正发挥出农村社会基本"安全网"的作用,与过去单纯的"五保"制度相比较,这更具有深远的社会意义。

然而,出于对目前我国具体国情的考虑,农村社会救助制度还应该遵循特殊困难救助的原则,即受益者遇到单凭个人力量无法克服的困难时,救助对象应着重针对因为大病、重残或者各种天灾人祸等本人无法抗拒的原因而陷入困境的农村居民。之所以要遵行特殊困难救助的原则,主要目的在于:一是要使农村社会救助真正救助到最需要救助的人,防止发生社会救助"养懒汉",或对社会救助产生不当依赖的情况;二是要使我们有限的救助资源发挥尽可能大的社会效益。因此,对于农村社会救助制度覆盖率的考察,既要考察其覆盖性——应救尽救,也要考察其实效性——救助者均是应救助者(不要出现"瞄偏"情况)。

一 农村最低生活保障的覆盖率

$$F_s = \frac{实际享受到最低生活保障的农村人口}{需要最低生活保障的农村贫困人口} \times 100\%$$

在考察当前我国农村最低生活保障制度的实施效果时,我们采用了农村最低生活保障的覆盖率(即实际享受到最低生活保障的农村人口占需要最低生活保障的农村贫困人口的比重）来评价农村最低生活保障制度的发展程度和社会效果。通常来讲，城乡居民最低生活保障覆盖率反映了一个国家或地区对贫困群体的关注程度和救助程度。目前，在社会保障制度比较完善的国家或地区，城乡居民最低生活保障的覆盖率一般达到了一个很高的水平，基本上会把全部需要最低生活保障的贫困人口都纳入其中，做到了"应保尽保"。从理论意义上讲，在中国城乡基本社会保障呈一体化发展的当今，农村最低生活保障的覆盖率应该达到100%，做到"应保尽保"。然而，在具体的实践中，鉴于当前我国经济社会发展的实际，各级政府应该把主要精力放在收入水平处于中低层次的人群上，特别是无正常职业和无正常生活来源的人身上，首先尽量把这部分人纳入农村最低生活保障中。

二 农村医疗救助的覆盖率

在前文界定农村医疗救助制度时，我们把新型农村合作医疗制度也纳入到了其中。因此，在考察农村医疗救助制度的覆盖率时，我们将其分为两个方面：新型农村合作医疗的参合率和农村弱势群体医疗救助率。

（一）新型农村合作医疗的参合率（F_h）

$$F_h = \frac{实际参加新型农村合作医疗的人数}{符合参加新型农村合作医疗的人数} \times 100\%$$

（二）农村弱势群体医疗救助率（I_r）

$$I_r = \frac{农村贫困人口中受医疗救助的人数}{农村贫困人口中需要医疗救助的人数} \times 100\%$$

三 农村临时救助的救助率

临时救助制度主要是对因临时性、突发性等特殊原因造成基本生活出现暂时困难的低收入家庭给予非定期、非定量生活救助的一种制度。从一定意义上来讲，农村临时救助制度更能反映出农村社会救助制度的完善程度和保障水平。

$$I_r = \frac{农村贫困人口中接受临时救助的人数}{农村贫困人口中需要临时救助的人数} \times 100\%$$

第二节 受益度

新型农村社会救助制度的主要政策目的就是保障农村社会弱势群体的基本生活，提升农村社会弱势群体抵御社会风险的能力，增进农村社会弱势群体脱贫致富的能力。因此，对当前中国农村社会救助制度的实施效果进行评价时，我们必须回答的一个问题是：当前针对农村贫困家庭实施的社会救助政策对减缓农村贫困产生了多大的作用？对维护农村社会弱势群体基本的生存权、提升农村社会弱势群体抵御致贫风险的能力有多少实质性的效果？

考察社会救助受益度的一个最重要也是最主要的指标就是救助的标准问题（当然，救助的内容和方式也会影响受助者的受益度）。在社会救助制度中对于救助标准的规定，一方面要符合法律法规的特性，另一方面也要符合社会救助事业本身的发展规律；既要考虑当前我国经济社会发展的具体情况，也要考虑能切实维持贫困群体的基本生活。救助的标准既不能太高——要考虑社会经济的可承受能力和防止福利依赖的思想以及"养懒汉"情形的出现，也不能太低——无以维持救助对象基本的生活需求。因此，科学的社会救助标准既是社会救助制度能维持正常运转的一个重要条件，也是社会救助制度发挥其应有功能的基础与前提。

社会救助所要提供的标准一般为维持基本生存的水准或是尊严

的水准。虽然社会救助资金不够立刻改变低收入家庭的贫困现状，但从维持其基本生存、助其自助、助其发展，最终使其改变贫困面貌来看，应该要考虑社会救助资金给付的标准是否足以有效地促进低收入家庭自身的发展，要能"助其自助"。也就是说，通过救助使得每个可以自食其力的人变得能够自食其力，这肯定是制度所要达到的理想目标，也是制度设计者最想看到的。

总结以上的分析，对于农村社会救助制度的受益度，本书主要从救助标准的充足性和针对性两个方面来予以考察。

一 救助标准的充足性

所谓救助标准的充足性指的是按社会救助的标准所发放的救助金额能否使受救助者的基本生活得到保障，也就是能真正地"安贫"。当前农村社会救助标准的充足性应该考虑以下两个方面。一是从整体来看，当前国家对农村低收入家庭的给付金额与对城市低收入者家庭的给付金额相比还是偏低。这就意味着，当前我国社会救助的服务对象还是倾向于城市低收入家庭，而对于农村低收入家庭的救助还显得尤为薄弱。二是从当前农村社会救助的落实情况来看，和过去相比较，尽管补助的额度与最低生活费标准越来越趋同，但是一方面由于低收入者家庭每年所需要补助金的额度随着社会物价水平的变化会有所变化，另一方面每年低收入者家庭所获得的补助金额会随着自身收入水平的变化而变化，而且给付的方式和内容除了现金救助之外，有的地方政府正逐渐实行实物给付与福利服务。在这样的情况下，是否会形成福利陷阱的现象，即低收入家庭宁愿申请领取救助也不愿意去积极参与工作，这是确定救助标准必须要仔细考虑的。社会救助标准往往直接影响低收入家庭对今后生活方向的选择，理想的状况应该是救助标准要具有二重性，一方面要能够较好地消除贫困,另一方面又不会导致纵容懒惰现象的发生。因此,救助标准应该要以适度保护为佳——既要做到保障低收入家庭的基本生活,又要做到不能挫伤劳动者的积极性。根据所获的数据,我们主要从获得救助资金的多少和农村居民对救助资金(制度)的认同情况来予以考察。

二 救助标准的针对性

所谓救助标准的针对性指的是社会救助金额的发放要有的放矢,根据不同的群体有不同的设计和操作,不能一概而论。救助标准的针对性包含两层意思。一是在救助对象的选择上要根据不同的人群区别对待,在相同的条件下救助的对象应向未成年人、残疾人和老年人倾斜;二是救助资金发放的标准也要根据不同的对象区别对待。总之,在社会救助上我们不太需要"锦上添花",更需要的是"雪中送炭"。针对残疾人、老年人和未成年人这类脆弱人群,政府如何选择救助标准至关重要,一概而论的标准不值得采纳,很明显,它既不能满足这些群体的实际需求,又不能带来实质上的公平。因此,社会救助标准必须因人、因人群而设计不同的标准,只有这样,才能既体现社会救助实质上的公平,又能充分发挥社会救助的实际功效。鉴于此,我们主要从对象的选择和救助资金的发放两个维度来考察救助标准的针对性。

第三节 满意度

一 公众满意度

满意是人民对客观事物的一种主观感受,是个体在把客观事物的现实状况与我们对它的期望相比较之后的一种感觉。菲利普·科特勒认为:"满意是个体将感知到的某个产品(服务)的效果与他对该产品(服务)的期望比较后所形成的一种感觉状态。"[123] 郑方辉、张文方和李文斌提出,在实际操作中,我们可以用一个简单的数学公式来描述公众的满意度,即 $PIS = q/e$,其中 PIS 表达公众满意度,q 表达公众对服务的感知,e 表达公众对服务的期望值。满意度(PIS)就是公众对服务的感知与其对服务的期望的比值,比值越大,公众对某一(产品)服务的满意度就越高;若其比值越小,公众满意度就越低。PIS 的值以 1 作为一个分界点,若 $PIS = 1$,公众的态度为基本满意,这表示政府行为所产生的实际效果与公众对它的期望恰好一致,即公众对政府表现出应有的信任和热情;若 $PIS > 1$,意味着公众满意度比较高,这表示政府行为所产生的实际效果比公众对它的期望高,即公众将会对政府表现出高度的忠诚、信任及满腔的热情与依赖感;若 $PIS < 1$,表示公众满意度低,这表示政府行为所产生的实际效果比公众对它的期望低,即公众会对政府表现出不信任、抱怨、失望和不满,甚至会出现某种程度的抵触甚至反抗。借鉴以上观点,我们认为公众满意度指的是公众把他们所感知到的政府的实际绩效与他们对该服务的期望进行比较后形成的一种愉悦或失望的感觉程度。[124]

二 关于公众满意度的理论

顾客满意度理论起源于 20 世纪初的消费心理学研究,而对于绩效满意度的调查最早出自市场营销学中关于顾客满意度的调查。后来,随着市场经济的快速发展,顾客满意度理论开始逐渐迈入实证研究的阶段。20 世纪初期,Hoppe 和 Lewin 从社会和实验心理学的角度进行了顾客满意理论的调查研究,得出的结论是:顾客的满意度与信任自尊相关。20世纪末期,美国密歇根大学费耐尔博士基于CI(企业标识)战略,总结了已有的顾客满意度理论研究成果的基础,构建起了一个研究顾客满意度指数的模型,即费耐尔模型。该模型综合了顾客感知、期望、购买价格等多种因素,是由这些因素组合而成的计量经济学的逻辑模型。截至目前,费耐尔的研究成果仍是最为成熟和被研究者们所广泛运用的顾客满意度指数理论。

顾客满意度理论认为,顾客满意度的相关变量主要包括顾客期望、顾客感知、顾客满意、顾客抱怨和顾客忠诚等。而顾客的满意情况,取决于一种体验,即顾客的感知与其在接受产品之前的期望相比较后的体验。一般来讲,这可以分为三种状态。其一,当感知与期望接近时,顾客就会感到满意。其二,当感知比期望低时,顾客就会感到不满。当然在这种情况下如果采取恰当补救措施对顾客的不满及时处理的话,也可能使顾客从不满意的态度转变为满意,甚至产生顾客信任。其三,当感知远远比期望高时,顾客就会产生忠诚。

当前存在两个比较流行的顾客满意度指数模型。

一是瑞典的顾客满意度指数模型(SCSB)。瑞典开启了在全国范围内进行顾客满意度指数的调查的先河,它的满意度指数模型是目前世界上所用的满意度指数模型中最具典型性和代表性的。如图3-1所示,该模型主要由5个相关变量组成:顾客预期、感知质量、顾客满意度、顾客抱怨和顾客忠诚。

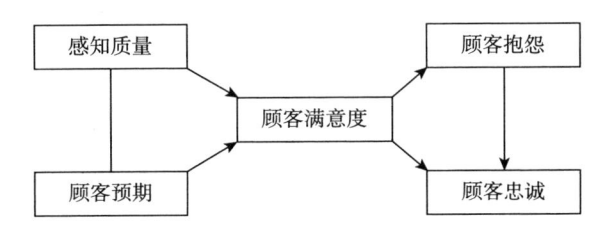

图3-1 顾客满意度模型

(1) 预期质量 (顾客预期)。顾客预期指的是顾客在购买某一产品 (服务) 之前对其质量的一种主观预设。通常情况下，与其他产品 (服务) 相比，某一产品 (服务) 的价格越高，顾客对这种产品或服务的质量预期就越高。

(2) 感知质量。感知质量指的是顾客基于消费价格而感受到的质量水平。感知质量越高，则顾客满意度越高，反之，感知质量越低，顾客满意度也越低。很显然，二者呈正相关关系。

(3) 顾客满意度。顾客满意度指的是主观体验，即顾客把感知质量与预期质量进行比较后的一种主观体验。顾客满意度就是所要测评的目标变量，提高顾客满意度能帮助减少顾客抱怨。

(4) 顾客抱怨。顾客抱怨指的是顾客对产品 (服务) 不满意的行为表达方式，包括投诉和退出。顾客抱怨与顾客忠诚可以呈现出两种不同的关系：其一，顾客抱怨与顾客忠诚呈负相关关系，这意味着顾客采取了退出行为，这将使市场份额逐渐下降；其二，顾客抱怨与顾客忠诚呈正相关关系，这一状况意味着改进产品 (服务) 质量可以成功地把顾客的抱怨转化成顾客的忠诚。

(5) 顾客忠诚。顾客忠诚指的是顾客对产品 (服务) 满意的行为表达方式，主要表现为顾客有从特定的产品 (服务) 供应处再次购买的愿望。

二是美国顾客满意度指数模型 (ACSI)。美国顾客满意度指数模型于1994年由美国密歇根大学商学院提出。该模型共包括质量预期、质量感知、价值感知、顾客满意度、顾客抱怨和顾客忠诚六个变量，包括原因变量和结果变量。其中，质量预期、质量感知、价值感知是原因变量，顾客满意度、顾客抱怨和顾客忠诚是结果变量。

在本书中，满意度主要指的是农村居民对农村社会救助制度的主观评价，即对这一制度的认可程度。农村居民作为新型农村社会救助的需求方，他们的满意度直接决定新型农村社会救助制度的可持续发展。本书借鉴在政府和公共部门中使用的顾客满意度指数模型，结合当前新型农村社会救助制度的具体情况，采用"农村居民对社会救助制度的期望与认知—对农村社会救助制度的满意度—对农村社会救助制度的认同度"这一路径来具体分析农村居民对农村社会救助制度的满意度。

第四章　农村最低生活保障制度的实施效果

农村最低生活保障制度是农村社会救助体系中的重要内容，是国家承诺对收入处在当地最低生活标准以下的农村家庭或个人的一种无偿救助。在整个农村社会保障体系中农村最低生活保障处于最初级、最基本的层次，同时也是最为重要的一部分。作为"社会安全网"的重要组成部分，农村最低生活保障的主要政策目标就是要做到"应保尽保"，使得所有基本生活出现困难的农村贫困人口都能维持基本的生活。基于此，本章主要从农村最低生活保障的覆盖率、接受低保的农民的受益度以及农民群体对当前农村最低生活保障制度的满意度三个方面来分析农村最低生活保障制度的实施效果。

第一节　农村最低生活保障制度的实施状况

十一届三中全会后，经济工作成为各项工作的中心。为促进经济的发展，国家重新确立了社会保障制度的地位，同时也恢复、重建了农村社会救助制度。1978年，财政部、民政部重新印发了

1962年内务部、财政部联合颁发的《抚恤、救济事业费管理使用办法》，重申继续执行抚恤、救济费的使用原则、使用范围和发放管理办法；1979年，民政部、财政部联合颁发了《关于调整军人、机关工作人员、参战民兵民工牺牲、病故抚恤金标准的通知》，提高了抚恤的标准；1981年，国务院办公厅批准了《关于进一步加强生产救灾工作的报告》，对管理使用好救灾款物、妥善安排灾区人民生活和开展生活自救的方法进行了详细的规定。随着城市化、工业化进程的不断加快，进城务工农民和失地农民急剧增多，人口老龄化进程不断加快，社会各阶层间收入差距日益拉大，如何破除传统的城乡二元社会保障制度的屏障，实现城乡社会保障制度的协调发展，日益成为社会的焦点。而农村社会救助制度也就成为农村社会保障体系构建中最重要的一环。城镇于1993年开始全面实施最低生活保障制度，民政部办公厅于1996年下发的《关于加快农村社会保障体系建设的意见》指出："农村最低生活保障制度是指对家庭人均收入比最低生活保障标准低的农村贫困人口按最低生活保障标准进行差额补助的制度。"2005年的第十届全国人民代表大会第三次会议对于新型农村社会救助体系的构建意义非凡，30名代表联名提出议案，鉴于传统的农村社会救助制度已无法适应农村经济社会发展的需要，且长时期形成的城乡社会救助制度的不协调也直接影响到我国和谐社会的构建，有必要制定相关法律，构建新型农村社会救助体系并以此为契机推进我国农村社会救助体系的法制化建设，使农村社会救助走上法治化的轨道。这对推进我国农村社会救助制度的发展完善起到了重要的作用。

最低生活保障制度指的是政府对年人均收入低于一定标准的困难家庭，按照最低生活标准实行差额补助的一种救助制度。城乡居民最低生活保障制度的构建是改革开放以来我国政府在社会救助领域中最大的突破和创新，它解决了传统社会救济效率不高、水平较低、缺乏公平、资源分散等多方面的困难。以家庭人均收入作为标准的现金转移支付模式不仅符合国际通行的惯例，而且还体现了政府在保障困难群众基本生活问题上所承担的责任。实施居民最低生活保障制度不但满足了我国社会主义市场经济体制亟须健全的现实需要，而且为建设新型农村社会救助体系打下了坚实的基础。[125]

一 我国农村最低生活保障制度的实施状况

我国的最低生活保障制度分为城市最低生活保障制度和农村最低生活保障制度两部分。我国居民最低生活保障制度首先在城市推行，随着城市最低生活保障制度的启动，农村最低生活保障制度也开始在一些地区探索建立。农村最低生活保障制度是指对家庭成员人均收入低于当地最低生活标准的农村居民，由国家和乡村集体给予差额补助的社会救助制度。农村居民最低生活保障制度，可以代表未来农村社会救助的基础制度，并成为城乡社会救助的重要载体。[126]农村最低生活保障制度是对传统社会救济制度进行改革的产物。我国是拥有9亿农民的国家，农业、农村和农民问题一直是关系我国社会主义现代化建设全局的重大问题。长期以来，我国传统的农村社会救济是对农村五保户和特困户实行不定期、不定量的临时救济，虽在一定程度上缓解了他们的生活困难，维护了农村的社会稳定，但存在着缺乏严格标准、保障水平低、操作不规范、工作随意性大等问题。为了克服这些弊端，早在20世纪80年代，就有一些地区开始了改革的探索，尝试由乡镇统筹救济经费，开展定期定量救济，这当中就包含了为农村贫困居民提供制度性生活保障的思想。进入20世纪90年代，一些地方开始了真正的农村最低生活保障制度试点。1992年，山西省在左云县率先开展了试点工作，取得经验后，又在阳泉市的3个区县扩大试点。1994年，上海市政府办公厅转发了市农委、财政局、民政局《关于做好本市农村工作的意见》，批准在3个区开展农村最低生活保障制度试点。

在1994年召开的第十次全国民政工作会议上，民政部在总结一些地区试点经验的基础上，提出要在农村初步建立起与经济发展水平相适应的层次不同、标准有别的社会保障制度。按照这一目标，山西、山东、浙江、河北、湖南、河南、广东等省开展了农村社会保障体系建设试点工作。

值得一提的是，1995年12月11日，广西壮族自治区武鸣县颁布了《武鸣县农村最低生活保障线救济暂行办法》，规定从1996年1月1日起正式实施。这是我国第一个县级农村低保制度文件。该暂行办法规定：凡该县农村户口的孤老、孤残、孤幼或因疾病和灾难等特殊情况造成家庭经济收入达不到最低生活保障线的村民，即保障对象。保障标准分为两类：一般贫困对象每人每月40元；五保对象每人每月65元。保障资金由县和乡镇分级负担，其中，县财政负担65%，乡财政负担35%，很明显，这个暂行办法已经显现出农村最低生活保障制度的雏形。[127]

1996年1月，民政部召开全国民政厅局长会议，明确提出要改革农村社会救济制度，积极探索建立农村最低生活保障制度，并将这项工作列入当年工作要点。例如，在民政部门的推动下，许多有条件的地区开始了建立农村最低生活保障制度的尝试。民政部确立了在山东烟台、河北平泉、四川彭州和甘肃永昌四地进行试点。几个试点地区分别代表发达、中等发达和欠发达三种不同经济发展状况的农村地区。为了加强对农村最低生活保障制度建设的指导，民政部在《关于加快农村社会保障体制建设的意见》（以下简称《意见》）中提出："农村最低生活保障制度是农村社会救助制度的重大改革，是确保农村贫困人口基本生活的重要措施，也是完善农村社会保障制度的一项重要内容。各地要积极试点，稳步推进。"在此基础上，制定了《农村社会保障体系建设指导方案》（以下简称《方案》）。上述《意见》指出，只要是农村建设社会保障体系，应该把建立最低生活保障制度作为重中之重，确保制度建立起来。上述《方案》则就农村最低生活保障制度建设提出了原则性的指导意见：保障标准要根据当地农村居民最基本的生活需求、经济发展水平和财政承受能力来确定和调整；保障资金应由地方各级财政和村集体分担，分担比例根据各地实际情况确定；各地应根据实际情况，对保障对象在生产、生活、医疗、教育等方面给予适当的优惠政策。该《意见》和《方案》的印发，推动了农村最低生活保障制度试点，使其范围扩大到256个县市。[128]

为了统一认识，推动工作，民政部从1997年5月开始，提出"巩固、扩大东部试点，积极启动西部试点，抓两头、带中间，因地制宜，稳步推进"的总体要求，并分别在东部、北部和西部召开了3个片会，对农村最低生活保障制度建设进行了专题研究和安排，强调建立居民最低生活保障制度，不仅城市需要，农村也需要；经济发达地区需要，经济不发达地区更需要。这几次会议确实对农村低保工作推动很大。到1997年底，全国已有997个市县初步建立了农村最低生活保障制度。

2001年，全国建立了农村最低生活保障制度的县（市）达到2000多个。2002年，全国大多数城市都已不同范围、不同程度地实施了最低生活保障制度，全国救助对象达到400多人，年支出资金约13亿元（其中地方政府投入约9亿元，农村集体投入约4亿元）。2003年，针对一直还没有建立农村最低生活保障制度的地区，民政部又下发《通知》，强烈要求这些地区按照"政府救济、子女赡养、社会互助、稳定土地政策"的原则，对尚未达到"五保"标准但生活十分困难的鳏寡孤独人员、丧失生产劳动能力的重残家庭和患有重大疾病而又缺乏自救能力的家庭，实行农村特困户救助制度，按照一定数额的资金或实物标准，发放救济物资。

2006年，我国对最低生活保障制度建设的重视提到空前的高度。5月，国务院专题研究农村最低生活保障问题；6月，国务院召开"在全国建立农村最低生活保障制度"工作会议，会议修改和完善了相关政策，并对如何建立农村最低生活保障制度进行具体安排；10月，党的十六届六中全会首次提出在全国范围内"逐步建立农村最低生活保障制度"。为贯彻党的十六届六中全会精神，2007年8月14日，国务院印发《关于在全国建立农村最低生活保障制度的通知》（国发〔2007〕第19号），对农村最低生活保障的原则要求、保障标准、目标任务、操作程序、资金筹集、组织机构、对象范围等方面都进行了明确规定，提出了具体要求，并且提出不仅要在当年内建立农村最低生活保障制度，还要保证低保金按时、按量发放[①]。中央财政补贴30亿元作为农村低保专项补助资金，农村最低生活保障制度已全面实施。2007年底，全国农村已有3451.9万人（1572.5万户）享受了农村最低生活保障，比上年同期增加1858.8万人，增长116.7%，平均保障标准为每人每月70元，人均每月补差为37元（见表4-1）。全国31个省（自治区、直辖市），2777个涉农县（市、区）全都建立了农村最低生活保障

---

① 《关于在全国建立农村最低生活保障制度的通知》（2007年）。

制度。①

表4-1 2001~2007年我国农村最低生活保障情况

年份	2001	2002	2003	2004	2005	2006	2007
保障人数（万人）	304.6	407.8	367.1	488	825	1593.1	3451.9
年增长（%）	/	33.9	10.0	32.9	69.1	93.1	116.7
实施县市（个）	2307	1871	1206	1206	1543	2133	/
救助资金（亿元）	4.69	7.1	9.32	16.2	25.1	41.6	104.1
月人均补助（元）	12.84	14.5	21.16	27.66	38	33.2	37

资料来源：根据《2007中国民政统计年鉴》整理所得。[129]

截至2009年3月，全国农村低保人口为4310.1万人，1993.7万户，平均保障标准为每人每月84.9元②。可以说，我国农村最低生活保障制度经过十几年的探索和发展，目前在实现全国建制的基础上，基本实现了制度化、规范化。

二 湖南农村最低生活保障制度的实施情况

湖南是全国的农业大省，全省包括14个市州，122个县（市、区），2636个乡镇。2006年总人口为6768.10万人，其中仅农村人口就有4148.17万人，占总人口的61%。[130]从全国范围来看，湖南的经济社会发展相对滞后，加上湖南老、少、边、穷地区比较多，当前贫困县有38个，农村贫困人口点多面广、贫困程度严重，而且湖南灾害多，冰灾、旱灾、水灾等自然灾害时常发生。因此，农村贫困人口的社会救助对于湖南经济社会发展来说，一方面任务艰巨，另一方面意义也十分重大。

---

① 民政部：《2007年民政事业发展统计公报》，2008年1月。
② 《2009年季度全国民政事业统计数据》，民政部网站。

近年来，为了切实解决好农村贫困问题，保障农村困难群体的基本生活权益，充分发挥社会救助在消灭贫困、维护社会稳定和建设和谐社会中的重要作用，湖南省加大了对农村贫困人口扶持的力度，主要从完善制度规范政策运行和不断加大资金投入两方面入手，积极建构农村"五保"和农村特困户救助、农村医疗救助、农村临时救助和农村最低生活保障"四位一体"的农村社会救助体系。其中，2003 年 6 月，在益阳南县、湘西自治州的古丈县和株洲醴陵市进行了农村特困救助制度的试点改革，从 2004 年开始在湖南省全面推行。2003 年下半年，湖南省政府印发了《湖南省农村五保供养暂行办法》，对税费改革后农村"五保"对象供养的经费来源和经费拨付、发放等都进行了具体的规定。资料显示，2003 年湖南省共发放农村特困救助金 930.2 万元，月救助 48.5 万户，共计 62.3 万人，最低人均月救助标准为 5 元，最高人均月救助标准为 12 元。[131]

为进一步规范和完善社会救助制度，建立贫困群众基本生活保障的长效机制，针对贫困人口的救助需求已由解决基本生活困难向解决就医、子女入学、打官司和住房等方面发展的现实，2005 年 8 月 1 日，湖南省政府颁布了《湖南省人民政府关于建立全省城乡社会救助体系的通知》（湘政发〔2005〕第 14 号）（以下简称《通知》）。《通知》指出，在 2005 年底前全省要建立以城乡低保和"五保"供养、自然灾害灾民救助为基础，以临时社会互助为补充，以医疗、教育、住房、司法等专项救助相配套，以各项优惠政策相衔接，与经济社会发展水平相适应的城乡社会救助体系。《通知》对农村社会救助的对象、资金保障、管理机制等做了详细的规定。救助对象方面，农村社会救助的主要对象为农村"五保"户、残疾人、灾民、重点优抚对象和年人均收入低于当地农村最低生活保障标准的家庭。对这些家庭和弱势人员，凡符合救助条件的，都要将其纳入社会救助范围；有脱贫能力的，要通过社会救助和其他扶贫方式使他们逐步摆脱贫困。管理机制方面，实行"政府领导，民政牵头，部门实施，社会参与，基层落实"的管理体制。资金保障方面，各级财政部门要根据社会救助工作需要和财力状况，在预算中合理安排救助资金，并将社会救助资金纳入社会保障基金财政专户管理，专款专用。《通知》的发布标志着湖南省进入全面系统地建设新型农村社会救助体系的时期。

湖南省农村最低生活保障制度的试点探索始于 1994 年。2006 年湖南省政府发布的《关于建立农村最低生活保障制度的通知》（以下简称《通知》）标志着农村最低生活保障在湖南的全面推行。2007 年 7 月 26 日湖南省人民政府第 109 次常务会议审议通过，2008 年 3 月 1 日实施的《湖南省农村最低生活保障办法》，与 2006 年的《通知》相比，对农村最低生活保障的对象、标准、资金来源、申请程序等都做了较详尽的规定，操作性更强。本次我们调查的长沙、郴州和邵阳三市根据上级相关精神，结合各自的具体情况分别出台了农村最低生活保障政策。

省会长沙于 2005 年起在全市推行农村最低生活保障。2004 年 12 月，长沙市人民政府颁发了《长沙市农村居民最低生活保障制度实施办法》，该办法对最低生活保障的对象、规模、标准、资金来源、申请程序等都做了具体和详尽的规定。从该办法的具体规定中可以看出，相对于湖南的其他市（州），长沙市的农村最低生活保障起步的规格较高，主要体现在以下几个方面。一是从覆盖面来看，一开始长沙市就按照国际通行的标准——以地区总人口的 5% 来设定保障对象范围，覆盖面广；二是从保障标准来看，根据不同地域、不同人群的不同情况，长沙市农村最低社会保障的标准为每人每年840~1500元，标准较高；三是从资金来源来看，来源渠道较为丰富，各级政府（由市、县区两级政府承担）承担责任（比例）明确，这为农村低保资金的及时足额发放提供了保障。

郴州和邵阳两市均从2007年开始在全市推行农村最低生活保障。2007年6月，郴州市政府颁发了《郴州市农村居民最低生活保障制度实施办法的通知》（以下简称《通知》）。《通知》对最低生活保障的对象、标准、资金来源、申请程序等做了具体规定。保障对象方面，《通知》规定持有本地户籍并常住的农村居民，凡共同生活的家庭成员年人均收入低于户籍所在地最低生活保障标准的所有居民为保障对象。重点保障缺乏劳动能力，难以通过生产帮扶而脱贫的常年生活困难家庭。保障标准方面，以保障当地贫困人口的基本生活为依据，原则上不低于国家公布的绝对贫困线（2007年为年人均693元），具体标准由当地民政部门会同统计、物价、财政等部门制定，报本级政府批准后执行。资金来源方面，保障金按照分级负责、多方筹措的原则，纳入市、县（市、区）财政预算，实行专户管理，专款专用。2007年5月，邵阳市人民政府颁发了《邵阳市农村最低生活保障制度实施办法（试行）》（以下简称《办法》）。《办法》对最低生活保障的对象、规模、标准、资金来源、申请程序等做了具体规定。保障对象及规模方面，《办法》规定持常住农业户口的居民，凡人均净收入比当地农村最低生活保障标准低，符合以下标准之一的，经批准，均可享受农村最低生活保障。①县及县以上人民政府或主管部门选择认可的其他特殊生活困难的农村居民；②因病、残、年老体弱缺乏劳动能力以及因生存条件恶劣等无法维持基本生活的特困户。保障遵循"低标准起步、小范围施救、逐步拓展"的原则，各县、市、区可根据财力状况确定保障人数。保障标准暂定为每人每年720元，对符合农村低保条件的居民，按最低生活保障标准实行分类施保、差额补助。补差按以下方式确定：①对其他特殊生活困难的农村居民，按不低于当地农村低保标准的250%进行补差；②因病、残、年老体弱等造成家庭缺乏劳动能力的特困户，按不低于当地农村低保标准的500%进行补差。资金来源方面，农村最低生活保障金的来源主要有如下三个方面。①财政安排：上级财政安排的补助资金及县级财政安排的预算资金；②按规定可用于农村低保的其他资金；③社会资助和捐赠的资金。

第二节 农村最低生活保障制度的覆盖率

农村最低生活保障是对那些生活水平达不到当地公认的维持正常人需要标准的人员给予适当的补助，其目的是保证贫困者的基本生活，使其能维持生存。因此，从政策理念到政策的落实均应该做到"应保尽保"，即凡是符合条件的农村居民都应该获得救助。所以在覆盖率方面，我们可以通过应保率和实际救助率的一致程度来评估农村最低生活保障政策的有效性，实际救助率和应保率越接近，说明该政策越有效，反之，则说明该政策功效越低。当然，这是以准确的瞄准率作为前提的（即获得低保救助的人均是低保对象）。应保率指的是应保人口（收入比当地保障线低的人口）占总人口数量的比重。由于缺乏具体的农村居民家庭调查数据，我们只能通过这次调查的具体情况，结合湖南统计信息网、湖南民政网以及近三年《湖南省国民经济和社会发展统计公报》的数据来对湖南近几年农村最低生活保障的覆盖率做一个概要描述。

一 按国际惯例的低保覆盖率及当前实际保障率

针对我们获取数据的具体情况,在这里我们有必要对何为"应保"做出说明。根据社会保障理论,国际上常用的做法是将一定区域内人口的5%确定为最低生活保障的对象,现在这一做法已被全世界所认可并得到广泛的应用。究其原因主要有三个。一是具有较强的可操作性,且较客观地反映了实际情况。该方法规避了准确计量具体经济收入的困难,以及因经济发展水平不同对最低生活保障标准产生的影响,因而更能客观反映实际,并具有较强操作性。二是体现动态发展过程。三是具有可行性。国内外大量的实践经验表明,政府的公共财政完全有能力保障5%的最低生活保障人群,特别是在社会经济改革和快速发展时期,这一办法对社会的稳定产生重要作用。因此,在这里我们采用国际通行的这一办法作为我们衡量的一个标准。

表4-2 2008~2010年湖南农村低保覆盖面情况[①]

单位:万人

项目	农村低保人数			低保人数占农业人口的比重		
	2008年	2009年	2010年	2008年	2009年	2010年
全 省	142.9	262.0	262.7	3.6%	6.7%	6.8%
长沙市	-	-	-	5.0%	5.0%	5.0%
郴州市	13.1	21.5	23.7	3.72%	6.1%	6.5%
邵阳市	6.7	25.9	34.7	1.20%	4.5%	6.03%

注:长沙市的农村低保在湖南起步较早,且一开始实施就参照国际的标准——将区域内人口的5%确定为最低生活保障的对象。

[①] 所用数据根据湖南统计信息网、湖南民政网以及近三年《湖南省国民经济和社会发展统计公报》整理得来。

从表4-2中我们可以看出，自2007年国家提出要构建覆盖整个农村的最低生活保障制度以来，湖南农村最低生活保障发展还是比较迅速。低保人数从2008年的142.9万人猛增到2010年的262.7万人，两年之内享受低保人数增加将近一倍；低保人数占农业人口的比重也由原来的不足4.0%上升到6.8%（特别是一些农村低保起步晚的城市更是发展迅速）。到2009年湖南省全省整体上农村最低生活保障的保障对象占农业人口的比重已达到国际5%的水准。我们调查的结果也说明了这一情况，按照国际惯例把农村家庭年人均收入分成五等份，我们所调查的样本中家庭年人均收入居后1/5的共234家，占样本总量的41.9%；而样本中享受农村低保的对象达291家，占样本总量的53.0%（见表4-3和表4-4）。可以说，作为发展中国家的中国，近年来为了解决贫困群体的基本生活，政府确实做出了努力。

表4-3 2010年家庭年人均收入在当地（所在的村民小组）所处的水平

		频率	百分比	有效百分比	累计百分比
有效	下等	234	41.9	41.9	41.9
	中下	78	14.0	14.0	55.9
	中等	162	29.0	29.0	84.9
	中上	84	15.1	15.1	100.0
	合计	558	100.0	100.0	

表4-4 享受低保情况

		频率	百分比	有效百分比	累计百分比
有效	低保对象	291	52.2	53.0	53.0
	非低保对象	258	46.2	47.0	100.0
	合计	549	98.4	100.0	
缺失	系统	9	1.6		
合计		558	100.0		

二 低保对象的识别瞄准率

考察最低社会保障的覆盖率除了在整体上考察低保对象占总人口的比例，还有一个重要的指标——低保对象识别瞄准率。低保对象识别瞄准率指的是得到救助的人占应保对象的比例。如果说低保对象占总人口的比例考察的是"应保"的问题，那么低保对象识别瞄准率主要考察的是"尽保"的问题，即真正的应保对象得到救助的人员有多少。

从我们抽取的样本的家庭年人均收入情况来看，家庭年人均收入在当地处于下等水平的占41.9%，中下等的占14.0%，两者合计达55.9%，没有家庭年人均收入处于当地上等水平的。出现这种情况很可能与中国人喜欢隐瞒个人收入的文化传统有关。即便是这样，样本中享受低保的人数也远远超出家庭年人均收入处于当地下等水平的人数，因此从我们这次抽样的情况来看，在"应保"方面经过这几年的发展我们取得了很大的进步。那么这些享受低保的对象是否全是应保的对象呢？那些家庭年人均收入处于当地下等水平的是否全纳入了低保的范围，是不是应保尽保呢？通过统计分析，我们发现在享受低保的291个对象中，家庭年人均收入处于下等水平的225人，处于中下水平的33人，中等水平的15人，中上水平的18人。而家庭年人均收入处于下等水平的尚有9人没有享受到低保。我们以处于下等收入水平的为应保对象的话，那么我们这次抽样调查低保对象识别的瞄准率为96.15%。表4-5和表4-6的数据统计情况也说明了目前农村最低生活保障的瞄准率存在问题，认为"所在村民小组的贫困群体全部受到低保资助"的不足六成，认为"所在村民小组低保资助对象都是确实存在困难"的不足七成。2006年，王有捐对城市居民最低生活保障政策执行情况调查时也发现类似的情况，根据他的计算，当时城市低保对象识别的瞄准率为76.2%。[132]

表4-5 所在村民小组贫困但未受资助的村民数量情况

		频率	百分比	有效百分比	累计百分比
有效	很多	9	1.6	1.6	1.6
	较多	27	4.8	4.9	6.5
	部分	81	14.5	14.6	21.1
	极少	114	20.4	20.5	41.6
	完全没有	321	57.5	57.9	99.5
	不清楚	3	0.5	0.5	100.0
	合计	555	99.5	100.0	
缺失	系统	3	0.5		
合计		558	100.0		

表4-6 所在村民小组低保资助对象是否确实存在困难

		频率	百分比	有效百分比	累计百分比
有效	没有	12	2.2	2.2	2.2
	少数是	18	3.2	3.3	5.5
	一半是	72	12.9	13.2	18.7
	大部分是	84	15.1	15.4	34.1
	都是	360	64.5	65.9	100.0
	合计	546	97.8	100.0	
缺失	系统	12	2.2		
合计		558	100.0		

第三节　农村最低生活保障制度的受益度

农村最低生活保障制度的主要政策目的就是维护农村低收入家庭基本的生存权和生活权，能够确实维持其基本的生活需求，进而提升他们抵御致贫风险的能力，增进其脱贫致富的能力。那么当前针对农村低收入家庭实施的农村最低生活保障政策对减缓受助者家庭贫困产生了多大的作用？对维护农村低收入家庭基本的生存权，提升其抵御致贫风险的能力有多少实质性的效果？本节我们主要从农村最低生活保障标准的充足性和针对性两个方面来考察这项制度对享受群体的受益程度。

一　农村最低生活保障标准的充足性

标准的充足性指的是最低生活保障的发放金额是否能使受救助者的基本生活需求得到保障，即"安贫"。要考察这一点至少要从两个方面来分析。一是救助金额的多少；二是受救助者本人对低保金额的看法。

表 4-7　2008~2010 年湖南农村低保金发放情况[①]

（单位：元/月·人）

项目	2008 年	2009 年	2010 年
全　省	51.0	47.0	55.0
长沙市	80.0	85.0	90.0
郴州市	41.7	43.8	60.2
邵阳市	30.0	45.0	49.0

---

① 所用数据根据湖南统计信息网、湖南民政网以及近三年《湖南省国民经济和社会发展统计公报》整理得来。

表 4-8　所在村民小组 2010 年低保补助的标准

单位：元/年·人①

		频率	百分比	有效百分比	累计百分比
有效	480	3	0.5	0.7	0.7
	540	9	1.6	1.9	2.6
	600	170	30.5	37.3	39.9
	650	3	0.5	0.7	40.6
	660	3	0.5	0.6	41.2
	700	24	4.3	5.3	46.5
	720	109	19.5	23.9	70.4
	750	3	0.5	0.7	71.1
	770	3	0.5	0.6	71.7
	780	114	20.4	25.0	96.7
	790	3	0.5	0.7	97.4
	840	9	1.6	1.9	99.3
	1200	3	0.5	0.7	100.0
	合计	456	81.7	100.0	
缺失	系统	102	18.3		
合计		558	100.0		

从表 4-7 中我们可以看出，随着农村最低生活保障在全国农村的全面铺开，低保的发放标准也在逐步提升，到 2010 年湖南省农村最低生活保障人均月发放 55 元，其中长沙市最高，达到 90 元。这基本与我们抽样调查的数据相符。从表 4-8 我们统计的结果来看，2010 年样本所在的三个城市年低保发放金额为 480～1200

---

① 按制度的规定低保的发放应该根据低保家庭的实际收入差额补发，而为每家每户计算收入是一件难度颇大、工作量也很大的事，所以在实际操作时一般分成几个等级或者以乡镇（或村）单位统一标准发放。

元。其中，600元每年的最多，占37.3%；其次是780元和720元，分别占25.0%和23.9%，三者共占了86.2%。这也说明低保发放时一般标准较统一。这样的发放标准能解决维持生存的问题吗？低保对象以及非低保的农村居民怎么看待这个问题？

从表4-9中我们可以得知，认为目前的低保补助金能满足基本生活需求的仅占五成左右。访谈中，个案6的观点颇具代表性。

表4-9 对低保补助金能否满足基本生活需要的看法

		频率	百分比	有效百分比	累计百分比
有效	完全能	24	4.3	4.3	4.3
	基本能	255	45.7	46.2	50.5
	不能	273	48.9	49.5	100.0
	合计	552	98.9	100.0	
缺失	系统	6	1.1		
合计		558	100.0		

个案6 姓刘，男性，高中文化，现年41岁："每个月50~60元的低保金额，在当前的物价水平下要维持基本生活需求还是相当难的，特别是对那些没有什么收入来源的老年人、未成年人和残疾人来说更是困难重重。当然，我们还是要感谢政府对低收入人群的关心，毕竟现在还能发一点，有总比没有强。"

低保的发放标准根据的是当地维持基本生活所需求的金额再减去个人收入进行等额补差。实际操作时因为当地维持基本生活需求的标准和低保申请者个人收入都较难确定，所以一般地方都采用参照国家贫困线的标准再结合当地经济发展水平予以补差发放。2008年、2009年和2010年三年我国农村人均年纯收入分别是4716元、5153元和5919元，同期农村的贫困标准分别为1196元、1196元和1274元。① 按照国际标准，一般是把收入的1/3作为贫困线的标准，由此可知，我们的贫困标准显然低于国际通用的标准，导致我们的低保水平较低。所以，尽管这几年来我国农村的低保标准也在逐步提高，但一般来看，目前我国农村低保的发放标准难以达到其最基本的目的——维持发放对象基本的生活需求。2006年中国社科院的张时飞和唐钧在对辽宁和河北两省农村最低生活保障实施情况调查的基础上指出：两地的农村最低生活保障都存在保障水平过低的弊端，农村低保标准绝对水平太低或相对水平（城乡）相差太大，可能不能达到保障农村低保对象最起码的生活水平，从而稳定社会的政策目标。李春根2008年在对江西农村最低生活保障调查时也得出农村居民普遍认为农村低保标准及补差水平偏低，2010年时江西人均补差水平达到月人均75元，在中部地区处于前列，可仍然无法满足农村低保对象的实际需求。[133]

那么，如果适当提高低保标准会不会导致低保政策在保障低保对象基本生活时降低他们自主脱贫的积极性？低保金采取的是差额发放的形式，即补足低保线与低保对象实际收入的缺口。所以，当低保家庭收入增长时，低保政策给予该家庭的补贴就会相应减少。理论上看来，这样势必影响低保家庭寻找工作的动机，打消其参与工作的积极性，除非他们从事的这份工作的工资收入明显比低保线高，这就是人们通常说到的"福利陷阱"。试想一下，制定高的低保标准是否会产生"福利陷阱"？是否会使低保对象产生对低保制

---

① 所用数据来源于国家统计局网站。

度的依赖从而减弱他们自主脱贫的动机呢？在具体的实践中，低保待遇一般都不会因为低保对象收入的提高而立刻被撤销（我们调查的地区都是以一年为期限，低保对象一年确定一次，确定后该低保对象该年度内不论其收入状况如何均可享受低保待遇），这就是说政府从制度上保证了找到工作的低保对象继续获得一段时间的低保救助金。正因为有这段缓冲时期，一般情况下，低保对象还是希望寻找工作来增加其家庭收入的（调查中我们与个案的访谈情况也证明了这一点）。同时，根据王有捐的计算，救济金扣除率在 $-0.01 \sim -0.0001$ 之间，其中的负号表示低保金随着人均收入的上升而降低，从其数值中我们可以看出，家庭人均收入大幅度增长只会减少极为小量的低保补贴，这意味着家庭人均收入的增加对于低保补贴的获取影响甚微，这也就说明了寻找工作带来的收益远远大于救济金减少造成的损失。通过以上分析我们可以得出，低保政策所产生的负面激励效应非常小，不太可能出现人们所担心的"福利陷阱"。

二 农村最低生活保障标准的针对性

农村最低生活保障标准的针对性指的是低保救助标准要做到有的放矢，根据不同的群体有不同的设计和操作。在社会救助上我们不太需要"锦上添花"，更需要的是"雪中送炭"。针对未成年人、残疾人和老年人这类脆弱人群，政府在低保救助标准的制定中选择何种类型是很重要的，一概而论的标准显然不能满足这部分群体的需求，往往还会导致实质上的不公平。因此，低保的标准必须针对不同的人群而区别对待，这样才能既体现低保救助的实质公平，又能充分发挥出农村低保的实际效用，提高救助资金的利用率和享受对象的受益度。

从表 4-10 中可以看出，2008 年湖南农村低保对象中老年人占

26.0%，超过1/4；未成年人仅占一成左右。根据民政部最低生活保障司的统计资料，截至2007年第3季度，全国农村低保对象总数为3566.3万人，其中，未成年人254.3万人，占7.13%；老年人682.9万人，占19.15%，两者总人数为937.2万人，合计比例为26.28%，占1/4以上。有比较才会有鉴别，相比于瑞士联邦公共援助对象，中国低保人口中的老年人所占比例明显偏高，而未成年人所占比例偏低。有关资料显示，2004年瑞士联邦公共援助对象共计22万人，约占全国人口的3%。从年龄结构看，全部公共援助对象中，0~17岁的所占比例最高，为31.16%；其后依次是35~50岁（17.16%）、18~25岁（13.10%）和51~60岁（10.17%）；比例最低的是65岁以上者（1.15%）。

表4-10 2008年湖南省农村低保对象情况①

单位：人

低保对象总数	女性	老年人	未成年人	残疾人
1428683	368900（25.8%）	370849（26.0%）	153068（10.7%）	132094（9.2%）

低保金用于补足低保线与低保对象实际收入的缺口，采取的形式是差额发放。鉴于每家每户计算家庭收入工作量巨大，操作相当麻烦，所以在实际操作时一般是分类予以实施发放，采取"模糊"补差的方式。从理论上来说，好的社会政策应该简单明了，对政策对象来说，通俗易懂；对政策执行者来说，简便易行；对政策监督者来说，一目了然。"模糊"补差的办法应该说是与此相符的。从我们调查的三个样本市的情况来看，在制度的制定方面，长沙市的既易于操作又能较好地考虑不同低保对象的具体情况，能体现出低

---

① 数据资料根据《2008中国民政统计年鉴》整理得来。

保标准的针对性。在实际的操作中,从我们调查的结果来看,多数的乡镇农村村民的低保发放标准均是"一刀切"。个案3的看法颇具代表性。

> 个案3 姓王,女性,初中文化,现年34岁:"我们村领低保的数目(低保金额)都一样,一般都拿折子对呢!这还可以有差别的?我们大都不知道啊!"

"模糊"补差的办法确有其合理性,然而不考虑低保对象的具体情况,过于简单的"一刀切"势必影响低保资金的利用效果,也影响低保对象的受益程度。

第四节 农村最低生活保障制度的满意度

分析农村最低生活保障制度的效果,对于进一步完善和加快农村最低社会保障制度的发展是非常必要的。农民作为农村最低社会保障制度的需求方,其满意度最能体现农村最低生活保障制度的实际效果,也直接影响着农村最低社会保障制度的可持续发展。这里借鉴顾客满意度指数模型在政府和公共部门的使用,根据当前农村最低社会保障制度的具体实施情况,采用"农民对农村社会救助制度的期望与认知—对农村社会救助制度的满意度—对农村社会救助制度的认同度"的分析路径来探究农民对农村最低生活保障制度的满意度。

一 农村居民对农村低保制度的期望与认知

(一)农村居民对农村最低生活保障制度的期望

从表4-11中可以看出,样本中64.2%的农民对农村最低生活保障的期望是能解决基本的生存问题，这与该项制度的设计目标是一致的；而25.3%的农民对农村最低生活保障的期望是想从政府那里获得补贴。可见，绝大多数农村居民对农村最低生活保障的期望是比较理性的。

表4-11 样本对农村最低生活保障制度的期望

		频率	百分比	有效百分比	累计百分比
有效	能解决基本的生存问题	349	62.5	64.2	64.2
	过上较好的生活	45	8.1	8.3	72.5
	能获得政府的一点补贴	138	24.7	25.3	97.8
	可解燃眉之急	6	1.1	1.1	98.9
	其他	6	1.1	1.1	100.0
	合计	544	97.5	100.0	
缺失	系统	14	2.5		
	合计	558	100.0		

（二）农村居民对农村最低生活保障制度的认知

在考察农村居民对农村低保制度的认识时我们没有设计直接的问题，而是设计了"当前农村最低生活保障制度存在的最突出的问题"和"为切实解决困难群众的基本生活，您认为政府还应该做哪些工作"（1. 加大财政支持力度 2. 健全农村低保法规制度 3. 为低保对象提供就业机会 4. 为低保对象提供教育培训机会 5. 为低保对象提供精神抚慰 6. 加强对农村低保相关机构工作的规范、约束和监督。可以多选）两个间接的问题。

从表4-12中我们可以看出，当前农村居民对于低保制度反映最为强烈的就是救助水平低（达近六成），其次是覆盖面较窄（达三成多），两者合计达91.3%。在对第二个多选的回答中排在前三位的问题分别是：加大财政支持力度、为低保对象提供就业机会和为低保对象提供教育培训机会。可见，农村居民尤其是低保对象最希望的是能够提高低保金的发放额度。李春根 2008 年在对江西农村最低生活保障调查时也得出类似的结论。

表 4-12 当前农村最低生活保障制度存在的最突出的问题

		频率	百分比	有效百分比	累计百分比
有效	经费短缺，保障和救助水平低	296	53.0	59.9	59.9
	覆盖面窄	155	27.8	31.4	91.3
	缺乏制度保证	18	3.2	3.6	94.9
	保障对象确定手续复杂	6	1.1	1.3	96.2
	下级部门执行不力	13	2.3	2.6	98.8
	其他	6	1.1	1.2	100.0
	合计	494	88.5	100.0	
缺失	系统	64	11.5		
	合计	558	100.0		

二 农村居民对农村低保制度的满意度与认同度

鉴于以上农村居民对当前农村最低生活保障制度的期望与感知，那么他们对当前农村最低生活保障制度持什么态度呢？

从表 4-13 中可以得知，当前农村居民对农村最低生活保障制度的满意度还是较高的，非常满意的占 15.9%，满意的占 58.8%，基本满意的占 23.3%，三者合计达 98.0% 之多，并且没有完全不满意的。

表 4-13 对当前农村最低生活保障制度的满意情况

		频率	百分比	有效百分比	累计百分比
有效	非常满意	80	14.3	15.9	15.9
	满意	296	53.0	58.8	74.7
	基本满意	117	21.0	23.3	98.0
	不太满意	10	1.8	2.0	100.0
	合计	503	90.1	100.0	
缺失	系统	55	9.9		
合计		558	100.0		

从表 4-14 中可以得知，当前农村居民对农村最低生活保障制度的认可度也是较高的，认为当前农村最低生活保障制度对解决贫困群众困难的作用很大的占 45.2%，较大的占 26.1%，两者合计达七成多，并且没有人认为这一制度完全没有作用。李春根 2008 年在对江西农村最低生活保障调查时也得出类似的结论——农村最低生活保障制度在农村深受广大农民群众的欢迎，受到农村低保对象的好评。

表 4-14 当前农村最低生活保障制度对解决贫困群众困难的作用

		频率	百分比	有效百分比	累计百分比
有效	很大	222	39.8	45.2	45.2
	较大	128	22.9	26.1	71.3
	一般	95	17.0	19.3	90.6
	没什么作用	46	8.2	9.4	100.0
	合计	491	88.0	100.0	
缺失	系统	67	12.0		
合计		558	100.0		

按照顾客满意度指数模型,当顾客对服务感知的质量低于其预期的质量时,导致的结果应该是顾客的不满甚至投诉。那么,在农村居民普遍认为当前农村低保发放的标准过低的感知下何以出现农村居民对当前农村社会保障制度的满意度和认可度均较高的情况呢?矛盾的根源何在呢?究其缘由,我们认为主要有以下两个方面原因。一是不论是满意度还是认可度均是一种主观的感受和看法,虽然感知与期望的差距会导致不满意和不认可,但是在一定的环境下历时纵向的比较和同期横向的比较往往会对它们产生显著的影响。我国农村最低社会保障的全面铺开是在2007年,农村低保全面铺开之前,虽然国家对农村的贫困家庭也采取一定的救助和帮扶,但是相对于农村最低生活保障制度,以前的救助措施不论在力度、广度还是在连续性和规范性等方面都不能媲美。二是从2006年至今,从要交"皇粮"国税到废除农业税再到国家给农村、农业予以补贴,党和政府在农村推行了一系列的惠民政策:从全面铺开农村低保到全面铺开新型农村合作医疗,再到农村养老保险的试点。这一系列政策是我们以前未曾有的,在某种程度上甚至是很多农民想象不到的,因此,近几年来,农民打心底里还是感谢党和政府的。这一系列政策往往会产生一种共振的政策效果。所以,尽管农村居民认为农村低保的标准偏低,但是对于这一制度他们还是赞同和认可的。正如前面个案6所说的——有总比没有好。

第五节 农村最低生活保障制度实施效果的影响因素分析

通过以上对当前农村最低生活保障制度的实施效果的分析,我们可以得出以下结论。第一,覆盖率方面,通过近几年的发展,农村最低生活保障的覆盖率得到了长足的发展,目前已经完全达到国际通行的当地人口的5%的标准。然而不足的是，农村最低生活保障的瞄准率还有待提高，没能充分发挥我们有限的资源的应有的作用。第二，受益度方面，目前农村居民对农村最低生活保障的评价不高，仅五成人认为低保补助金能基本维持基本生活需求，这主要体现在低保标准的充足性不够、针对性不强。第三，满意度方面，农村居民对当前农村最低生活保障制度的评价较高、认同度较高，对当前农村最低生活保障制度基本满意的达98%之高，认为最低生活保障对解决贫困群众困难作用较大的占七成多。影响农村最低生活保障制度当前实施效果的因素有哪些呢？本节我们试图对此做出探究。

一 农村居民低保覆盖率过小的原因

目前我国农村最低生活保障的覆盖率，从总体来看已经超过国际通行的标准。那么调查中为什么农村居民仍嫌农村低保的覆盖率低呢？这当中不排除有中国传统的小农思想的影响——钱反正是国家发下来的，能得到一点总比得不到好。所以自己能够拿到一部分是最好不过的了，而一般很少去考虑这个钱自己到底应不应该获得。当然，最主要的原因还是农村低保的瞄准率不高——应该保的没保，不应该保的反而享受了。

表4-15 最低生活保障对象确定的方式

		频率	百分比	有效百分比	累计百分比
有效	村组干部指定	72	12.9	13.0	13.0
	村民投票	69	12.4	12.5	25.5
	村民代表投票	387	69.4	70.1	95.6
	其他方式	24	4.3	4.4	100.0
	合计	552	98.9	100.0	
缺失	系统	6	1.1		
	合计	558	100.0		

表 4-16 低保资金发放是否公开透明

		频率	百分比	有效百分比	累计百分比
有效	是	444	79.6	80.4	80.4
	否	24	4.3	4.4	84.8
	不清楚	84	15.1	15.2	100.0
	合计	552	98.9	100.0	
缺失	系统	6	1.1		
合计		558	100.0		

表 4-17 低保资金发放过程是否存在违规操作

		频率	百分比	有效百分比	累计百分比
有效	是	48	8.6	8.8	8.8
	否	420	75.3	76.9	85.7
	不清楚	78	14.0	14.3	100.0
	合计	546	97.8	100.0	
缺失	系统	12	2.2		
合计		558	100.0		

表 4-18 低保工作中是否有监督机制和举报途径

		频率	百分比	有效百分比	累计百分比
有效	是	453	81.2	82.5	82.5
	否	15	2.7	2.7	85.2
	不清楚	78	14.0	14.2	99.4
	其他	3	0.5	0.6	100.0
	合计	549	98.4	100.0	
缺失	系统	9	1.6		
合计		558	100.0		

从表 4-15、表 4-16、表 4-17 和表 4-18 中我们可以看出，农村低保的管理体制还存在不完善的地方。低保对象的确定方面，村组干部指定的还占 13.0%，村民代表投票不失为一种既方便高效又较公正客观的方式，然而村民代表如何产生对其投票结果往往有很大的影响。调查中我们发现不少村的村民代表产生的方式随意性较强，往往是由村组干部和其指定的人选组成。同时，低保资金发放的公开透明性还有待加强，相关的监督机制有待完善。

二 农村低保对象受益程度不高的原因

导致农村低保对象受益程度不高的原因除了低保发放资金的绝对值偏低外，还有两个因素对其产生影响。一是与低保对象的瞄准率不高有关，鉴于当前我们国家经济社会发展的状况，我们用于农村最低生活保障的资金本来就不充裕（经济欠发达的地区更是如此），低保对象的确定失误会使本来有限的资源更难以发挥出应有的作用。二是低保发放金额缺乏针对性，这又体现在两个方面。第一，前面我们分析到在低保金额的发放过程中，有一部分地方采取的是"一刀切"的做法。第二，据我们调查，基层机构（由乡镇到村再到组）分配低保指标时，一般采用的是按人口多少考虑，而不考虑不同的村、组之间整体的富裕程度，这就往往容易导致同一乡镇或同一个村里更贫困的不能享受低保而经济条件好些的反而享受了低保。笔者认为县级、乡镇级向下级单位分配低保指标时应该综合考虑人口基数和经济发展水平两个指标，乡镇级向下级单位分配低保指标时更应考虑到村之间村民收入水平的差异。因为按自然村落而聚居的农村社区，村与村之间的消费水平差不多，而单凭人口基数而不考虑村民收入水平的低保指标分配往往会导致实质的不公平，这在收入差距较大的地方更是如此。根据英国经济学家庇古的观点,同一欧元的收入对穷人和富人的效用是不同的,穷人一欧元收入的效用要大于富人一欧元收入的效用。因此,同样的低保金额对于收入不同的家庭,其效用往往是不一样的。

三 农村低保对象对农村低保制度满意度较高的原因

影响农村居民对农村最低生活保障制度的满意度的因素有哪些?这里我们以"农村居民对农村最低生活保障制度的满意度"为因变量,以研究样本的性别、受教育年限、家庭年人均收入以及农村低保的标准、瞄准度和农村最低生活保障制度的管理机制等为自变量建立多元线性回归模型,来探究影响农村居民对农村最低生活保障制度满意度的因素。

从表 4-19 的模型中各变量决定的显著度中可以看出,对"农村居民对农村最低生活保障制度满意度"有显著作用的变量有三个,即"低保标准"、"低保的瞄准度"和"管理体制"。其中,"管理体制"对农村居民对低保的满意度影响最为显著,对因变量的贡献最大,其 $Beta$ 的绝对值为 0.065,t 的显著性为 0.027;随后依次为"低保的瞄准度"和"低保标准",其 $Beta$ 的绝对值分别为 0.073 和 0.068,t 的显著性分别为 0.036 和 0.039。这三个变量对"农村居民对农村低保的满意度"均有正向影响,即样本地区农村低保制度的管理体制越健全、低保的瞄准度越高、低保标准越高,样本对低保的满意度就越高。由此我们认为,一个地区农村低保制度的管理体制越健全、低保的瞄准度越高、低保标准越高,人民对低保的满意度就越高。这三者中"管理体制"对因变量的影响最显著、贡献最大,这说明在一定程度上,人民往往更关注的是某项制度的公正性,一项相对公正的制度更能使人民感到满意。

表4-19　以样本对农村低保的满意度为因变量建立的多元线性回归模型

	未被标准化的回归系数		标准化回归系数	t	显著度
	B	Std. Error	Beta		
（Constant）	2.004	0.830		2.414	0.017
性别	-0.069	0.073	-0.072	-0.937	0.350
受教育年限	-0.004	0.129	-0.002	-0.028	0.978
家庭年人均收入	-0.058	0.068	-0.065	-0.849	0.057
低保标准	0.040	0.044	0.068	0.900	0.039
低保的瞄准度	0.044	0.065	0.073	0.682	0.036
管理体制	0.058	0.068	0.065	0.849	0.027

同时，上文我们也分析了在农村居民认为当前农村最低生活保障发放的标准偏低的感知下何以会对当前农村生活保障制度的满意度较高的缘由，我们提出与近年来政府实施的一系列惠民政策同频共振的效果有关，这一观点从表4-20中也能得到较好的说明。

表4-20　除发放最低生活保障金，当地政府是否采取
其他措施帮助生活困难群众

		频率	百分比	有效百分比	累计百分比
有效	是	394	70.6	79.3	79.3
	否	16	2.9	3.2	82.5
	不清楚	84	15.1	16.9	99.4
	其他	3	0.5	0.6	100.0
	合计	497	89.1	100.0	
缺失	系统	61	10.9		
	合计	558	100.0		

第五章 农村医疗救助制度的实施效果

调查显示,当前我国居民最低生活保障对象中,30%~40%是因病致贫或因病返贫的。[134]而医疗救助就是政府通过提供政策、财政和技术上的支持使贫困人群直接获得部分或全部的基本医疗健康服务,以改善贫困人群健康状况的一种运行机制,其主要目的就是缓解弱势群体"看不起病"和"看病难"问题,使弱势群体不至于因病而致贫或因病而返贫。正如联合国大会1948年通过的《世界人权宣言》提出的:"人人有权享受为维持本人和家庭的健康和福利所需要的生活水准,包括食物、衣着、住房、医疗和必要的社会服务;在遭到失业、残废、疾病、守寡、衰老或在其他不能控制的情况下丧失谋生能力时,有权享受保障。"农村医疗救助制度实施以来其效果如何?为回答这个问题,本章主要从农村医疗救助的覆盖率、接受医疗救助农民的受益度以及农民群体对当前农村医疗救助制度的满意度三个方面来分析农村医疗救助制度的效果。

第一节 农村医疗救助制度的实施状况

医疗救助有广义和狭义之分,广义的医疗救助是对所有医疗帮助和支持行为的总称，外延极其广泛：既包括一个国家对本国国民的医疗救助，也包括国家和国家之间的国际医疗救助；既包括贫困医疗救助，也包括对海啸、SARS 等灾害的灾难医疗救助；既包括政府主导的医疗救助，也包括"第三方组织"及个人的慈善医疗救助；既包括基本医疗救助也包括大病医疗救助。狭义的医疗救助指的是政府和社会对贫困人口中有病却无经济能力进行治疗的人所实施的专项帮助的行为。[135]结合目前我国的实际情况，本书对医疗救助采用狭义的理解，它指的是政府通过一定的制度安排使贫困人群直接获得部分或全部的基本医疗健康服务，以改善贫困人群健康状况的一种运行机制。医疗救助既是医疗保障体系中的最低层次，又是整个社会保障体系中社会救助的一个组成部分。联合国大会1948年通过的《世界人权宣言》规定："人人有权享受为维持本人和家庭的健康和福利所需要的生活水准，包括食物、衣着、住房、医疗和必要的社会服务；在遭到失业、疾病、残废、守寡、衰老或在其他不能控制的情况下丧失谋生能力时，有权享受保障。"有关调查表明，当前我国居民最低生活保障对象中，30%～40%是因病致贫或因病返贫的。[136]因此，医疗救助制度对缓解弱势群体"看不起病"和"看病难"具有重要作用。

一 我国农村医疗救助制度的实施状况

农村最低生活保障制度的实施初步解决了困难家庭穿衣、吃饭等基本生活问题，但仍无法解决就医难、就学难等方面的问题。在医疗服务机构实行市场化改革的历史背景下，因病致贫、因病返贫已成为农村贫困的主要原因之一。第三次全国卫生服务调查数据显示，2003年农村人口中的79.1%没有任何医疗保障，"看病贵"对他们的影响非常严重，农村居民人均就诊费用和住院农村居民人均费用分别是91元和2699元，而2003年我国农村居民人均收入为2622元，可见住院农村居民人均费用相当于一个居民一年的总收入。1995~2003年，农民医疗保健支出占总支出的比例由3.2%上升为6.0%。根据民政部在全国范围内所进行的农村医疗救助状况调查，在农村2542万户（其中，五保户570万户，特困户1972万户）"不救不活"的特殊困难人口中，因病致贫、因残致贫的比例平均为49.18%。[137]上述几组数据反映了当前我国老百姓"看病难、看病贵"的问题，看病费用已经超出人们所能承受的范围，贫困的弱势群体更是不堪重负，同时也反映出我国医疗保障制度覆盖面还非常狭小，远远不能满足人民的需求。无论是从农民的医疗保障权利还是从农村社会经济稳定发展的角度来看，建立健全农村医疗保障制度已经势在必行。为此，2003年，国务院办公厅转发了《关于建立新型农村合作医疗制度意见》的通知，对农村合作医疗的目标原则、组织管理、筹资标准、资金管理等做了规定，并要求各地有选择地进行试点，逐步推开，争取在2010年实现在全国建立基本覆盖农村居民的新型农村合作医疗制度。2003年，民政部等部门联合下发了《关于实施农村医疗救助的意见》（民发〔2003〕第158号），指出要通过社会各界自愿捐助和政府拨款等多种渠道筹备资金，对患重大疾病的农村"五保户"和贫困农民家庭实施医疗救助。在全面推行农村医疗救助制度之前，选择2~3个县（市）作为示范点，通过示范先行推进农村医疗救助工作的全面开展。以上两个《意见》的颁布揭开了农村医疗救助制度建设的序幕。当然，新型农村合作医疗制度是一种带有社会保险性质的医疗救助，与严格意义上的医疗救助还是有区别的（本书之所以把它纳入农村医疗救助的范围，前文已阐述了理由）。《关于实施农村医疗救助的意见》指出，农村医疗救助的对象主要包括农村五保户、贫困户家庭成员和地方政府规定的其他符合条件的农村贫困农民，具体条件由地方政府民政部门会同财政、卫生部门制定，报同级人民政府批准。农村医疗救助主要采取两种方式：一是资助农村低保对象和特殊困难群众参加新型农村合作医疗；二是对新型农村合作医疗报销后，自付医疗费仍然困难的家庭，民政部门给予报销部分费用的二次救助。在已有的医疗救助制度实践的基础上，为进一步完善城乡医疗救助制度，保障困难群众能够享受基本医疗卫生服务，2009年6月民政部、财政部、卫生部、人力资源和社会保障部联合下发了《关于进一步完善城乡医疗救助制度的意见》（以下简称《意见》），《意见》对城乡医疗救助的目标任务、救助范围、救助方式、救助内容、救助操作程序和资金筹集等做了进一步的规范和完善。《意见》提出用3年左右时间，在全国基本建立起资金来源稳定、管理运行规范、救助效果明显，能够为困难群众提供方便、快捷服务的医疗救助制度。到2009年，全国城乡医疗救助当年人均门诊救助161元，支出资金总计达80.5亿元，人均住院救助1564元，总计救助7253万人次。

二 湖南农村医疗救助制度的实施情况

为贯彻中央精神，提高农民抵御疾病风险的能力，帮助农村困难群众解决"看不起病"问题，湖南省在推行新型农村合作医疗制度的同时着手建立农村医疗救助制度。新型农村合作医疗制度方面，从2003年5月起开始试点，到2008年1月实现了在全省122个县市区的全覆盖。2009年，全省参合农民4618.19万人，参合率达91.2%，参合农民住院费用实际补偿率为41.4%，人均住院补助1039.09元。自2003年试点启动到2009年11月，全省累计筹集合作医疗基金114.57亿元，其中参合农民个人缴费20.19亿元，各级财政补助 94.38 亿元，累计补助参合农民 4715.38 万人次，补助金额达 99.66 亿元。① 农村医疗救助制度建设方面，2003 年 12 月湖南省开始着手建立全省农村医疗救助制度。2004 年湖南选择长沙等 10 个县（市）作为农村医疗救助示范县，示范县（市）均按人均 1~2 元农村医疗救助资金标准纳入财政预算，并专门设立了农村医疗救助基金。2004 年 5 月湖南省民政厅、湖南省卫生厅、湖南省财政厅联合下发了《关于实施农村医疗救助的意见》（湘民保发〔2004〕3 号），该意见指出：2004 年全省每个市州至少选一个县、市作为示范点，其中已经开展新型农村合作医疗试点的县（市）均作为农村医疗救助示范点，并对农村医疗救助的对象、办法、申请审批程序和资金的筹集与管理做了较详细的规定。在示范的基础上湖南省民政部门遵循"先示范、后扩展、逐步铺开"和"低标起步，保障重点，确保平稳"的工作思路，有力地推进了这项工作。到 2004 年底，湖南省 122 个县市区全面建立了农村医疗救助制度。该年度全省累计投入农村救助资金 5300 多万元，其中，财政性资金 3630 万元，社会福利资金 920 万元，社会捐赠性资金 750 万元。全省已经实施农村医疗救助 46 万人次，惠及农村困难群众近 200 万人。② 到 2007 年湖南省形成了一个以政府大病医疗救助为主，农村新型合作医疗补助、慈善特大病救助等多道防线相结合的医疗救助体系。据统计，2005~2006 年，湖南省全省累计救助农村特困群众近 74 万人次，其中大病救助 5 万人次，资助参加农村新型合作医疗 69 万人次，发放救助金 1.05 亿元。③ 为进一步完善城乡医疗救助制度，建立符合实际的城乡医疗救助体系，更大限度地满足城

---

① 《湖南省新农合制度建设 6 年结硕果》，湖南省新型农村合作医疗信息网。
② 数据来源于湖南网络广播。
③ 数据来源于《湖南日报》，2007 年 4 月 6 日。

乡困难群众的基本医疗需求，2008年5月，湖南省民政厅颁发了《关于调整城乡医疗救助政策完善城乡医疗救助制度的通知》（湘民办发〔2008〕60号）。该通知指出：要以"广覆盖、保基本、救重点、多层次、可持续"为指导方针，确保"人人享有基本医疗卫生服务"；并对农村医疗救助的对象、内容、标准、方式以及资金的筹集和管理做了进一步的规范和完善。农村医疗救助的内容主要包括资助医疗救助对象参加新型农村合作医疗、门诊医疗救助、住院医疗救助、临时医疗救助四种方式。与以前相比，救助内容有了较大的扩展，救助标准有了明显的提高。

我们调查的三个个案市在构建新型农村合作医疗制度的同时也各自出台了农村医疗救助制度。例如，长沙市政府于2004年12月颁发了《长沙市特困家庭医疗救助制度实施办法》，郴州市颁发了《郴州市人民政府办公室转发市民政局等部门关于建立医疗救助制度试点工作意见的通知》（郴政办发〔2005〕31号），对医疗救助的对象、标准、审批程序以及资金的来源等都做了规定。

第二节　农村医疗救助制度的覆盖率

鉴于当前我国的具体情况，本书把新型农村合作医疗制度也纳入农村医疗救助制度予以考察（其理由前文已做了说明，同时医疗救助的内容之一就是资助医疗救助对象参加新型农村合作医疗，所以考察新型农村合作医疗的参与度也能间接体现农村医疗救助的实施情况）。因此，本节从新型农村合作医疗的参合率和弱势群体医疗救助率两个方面来考察农村医疗救助的覆盖率。

一　新型农村合作医疗的参合率

2003年1月，国务院办公厅转发了卫生部等部门《关于建立新型农村合作医疗制度意见》的通知，对农村合作医疗的目标原则、组织管理、筹资标准、资金管理等做了规定，并要求各地有选择地进行试点，逐步推开，争取在2010年实现在全国建立基本覆盖农村居民的新型农村合作医疗制度。而我们抽样调查的湖南省从2003年5月开始进行新型农村合作医疗制度的试点，到2008年1月实现了在全省122个县市区的全覆盖。

表5-1 2008~2010年湖南新型农村合作医疗参合率情况[①]

单位：万人，%

项目	农村新农合人数			参合率		
	2008年	2009年	2010年	2008年	2009年	2010年
全省	4501.46	4618.2	4862.7	89.0	91.22	95.3
长沙市	367.7	368.4	374.0	94.1	95.1	96.0
郴州市	312.8	329.9	352.6	88.4	93.49	96.9
邵阳市	528.6	550.21	579.44	87.0	90.55	94.03

从表5-1中我们可以看出湖南省2008年已经构建起覆盖整个农村的新型农村合作医疗制度，比国家预定的提前两年完成。2008~2010年，湖南农村新型农村合作医疗发展还是比较迅速的：参合人数从2008年的4501.46万人增加到2010年的4862.7万人，两年之内参加新农合的人数增加了361.24万，提升了6.3个百分点（特别是一些农村低保起步晚的城市发展更是迅速）。可以说，作为发展中国家的中国，近年来为了解决农村居民的就医问题，政府做出了不少努力。

---

① 所用数据根据湖南统计信息网、湖南民政网以及近三年《湖南省国民经济和社会发展统计公报》整理得来。

二 农村弱势群体医疗救助率

农村弱势群体医疗救助率指的是农村弱势群体中实际接受医疗救助的人数与需要医疗救助的人数的比例。农村医疗救助的对象主要包括农村五保户、农村低保户、贫困户家庭成员和地方政府规定的其他符合条件的农村贫困农民[2008年5月,湖南省民政厅颁发的《关于调整城乡医疗救助政策完善城乡医疗救助制度的通知》(湘民办发〔2008〕60号)指出农村医疗救助的对象是:农村五保户、农村低保户以及农村百岁老人和其他特殊困难群体]。农村医疗救助的内容主要包括资助医疗救助对象参加新型农村合作医疗、门诊医疗救助、住院医疗救助、临时医疗救助四种方式。理想的医疗救助政策应该做到"应救尽救",即凡是符合条件的农村居民都应该获得救助。由于缺乏具体的农村居民家户调查数据,我们只能通过这次调查的具体情况结合湖南统计信息网、湖南民政网以及近三年《湖南省国民经济和社会发展统计公报》的数据来对湖南近几年农村医疗救助的覆盖率做一个概括描述(见表5-2、表5-3)。

表5-2 当地政府有否为特困群体参与新型农村合作医疗保险提供资助

		频率	百分比	有效百分比	累计百分比
有效	有	450	80.6	92.6	92.6
	没有	20	3.6	4.1	96.7
	不清楚	16	2.9	3.3	100.0
	合计	486	87.1	100.0	
缺失	系统	72	12.9		
合计		558	100.0		

表 5-3 除合作医疗外,你们组里是否有人因生病受到当地政府提供的其他方面的资助

		频率	百分比	有效百分比	累计百分比
有效	有	472	84.6	97.3	97.3
	没有	13	2.3	2.7	100.0
	合计	485	86.9	100.0	
缺失	系统	73	13.1		
合计		558	100.0		

从表 5-2 和表 5-3 中我们可以看出自 2004 年底湖南省 122 个县市区全面建立农村医疗救助制度以来,湖南的农村医疗救助得到了较好的发展,政府为贫困群体参加新型农村合作医疗提供过帮助的有效百分比达 92.6%,农村居民因疾病受到政府除新农合外帮助的发生率达 97.3%。如前所述,湖南在农村救助资金的投入、对农村困难群众的救助规模、大病救助、救助内容及救助方式等几个方面,颁布了具体的政策法规,并予以进一步规范和完善。通过实施低标准起步、小范围施救、逐步发展的建制模式,启动城市医疗救助试点工作,加强对城乡医疗救助工作的业务指导及精心组织实施城乡医疗救助工作等,农村医疗救助的资金投入更充足、覆盖面明显扩大、救助标准更公平公正、救助内容更全面、救助方式更灵活多样。在这方面湖南在全国是走在前列的。

第三节 农村医疗救助制度的受益度

农村医疗救助的政策目的是使农村贫困人群直接获得部分或全部的基本医疗健康服务,以改善他们的健康状况,防止他们因病致贫或者因病而无以摆脱贫困,进而提升他们抵御致贫风险的能力,

增进其脱贫致富的能力。那么当前针对农村低收入家庭实施的农村医疗救助政策对改善他们的健康状况、减缓受助者家庭贫困产生了多大的作用，对提升其抵御因病致贫风险的能力有多少实质性的效果？本节主要从新型农村合作医疗制度和农村医疗救助制度两个方面考察享受群体的受益程度。

一 新型农村合作医疗制度的受益度

对于新型农村合作医疗制度的受益度我们主要从两个方面来予以分析：一是作为受益对象的农村居民对新型农村合作医疗报销比例的看法；二是根据湖南政府官方网站公布的相关数据，再结合我们实际调查的结果予以分析。

表5-4 参加新农村合作医疗是否得到过补偿

		频率	百分比	有效百分比	累计百分比
有效	有	381	68.3	72.6	72.6
	没有	141	25.3	26.8	99.4
	不清楚	3	0.5	0.6	100.0
	合计	525	94.1	100.0	
缺失	系统	33	5.9		
合计		558	100.0		

表5-5 对农民参与新型农村合作医疗作用的认知

		频率	百分比	有效百分比	累计百分比
有效	可以减轻农民的疾病负担	447	80.1	93.9	93.9
	提高农民的生活质量	24	4.3	5.0	98.9
	分散政府的责任风险	5	0.9	1.1	100.0
	合计	476	85.3	100.0	
缺失	系统	82	14.7		
合计		558	100.0		

表 5-6 参与新型农村合作医疗能否满足农民的基本医疗需求

		频率	百分比	有效百分比	累计百分比
有效	完全可以	33	5.9	6.1	6.1
	基本可以	414	74.2	77.1	83.2
	不太能	84	15.1	15.7	98.9
	不知道	6	1.1	1.1	100.0
	合计	537	96.2	100.0	
缺失	系统	21	3.8		
合计		558	100.0		

表 5-7 对新型农村合作医疗报销比例的满意情况

		频率	百分比	有效百分比	累计百分比
有效	很满意	102	18.3	19.0	19.0
	满意	129	23.1	24.0	43.0
	基本满意	279	50.0	52.0	95.0
	不满意	27	4.8	5.0	100.0
	合计	537	96.2	100.0	
缺失	系统	21	3.8		
合计		558	100.0		

表 5-4、表 5-5、表 5-6 和表 5-7 中，我们分别从是否受过益、对新农合作用的认知、对新农合作用程度的认知以及对新农合报销比例的满意度调查了农村居民的看法。从表 5-5 对新农合作用的认知来看，绝大多数农村居民认为这一制度是对农民有益的；有达八成多的农村居民认为这一制度基本能满足农民的医疗需求（见表 5-6），95%的农村居民对其报销比例基本满意。2009～2010 年《湖南省国民经济和社会发展统计公报》的数据显示，2009 年湖南省新型农村合作医疗住院补偿率为 41.44%，2010 年湖南省新型农村合

作医疗统筹地区范围内补偿率为 65.6%。[①] 从以上数据中我们可以得出结论，从农民自身的角度来看，大多数农民认为新型农村合作医疗这一制度的受益度还是比较高的。访谈中，个案 7 的观点颇具代表性。

个案 7　姓吴，男性，初中文化，现年 43 岁："我要感谢党、要感谢政府的好政策，是党和政府救了我妻子的命。前年我妻子大病了一场，家里无钱治疗，政府连续两年给我送来了医疗救助款，新型农村合作医疗也给报销了不少。我真的很感谢政府。"

二　农村医疗救助制度的受益度

对于农村医疗救助制度的受益度，我们主要从两个方面来予以分析：一是作为受益对象的农村居民对农村医疗救助制度救助效果的看法；二是根据官方公布的相关数据，再结合我们实际调查的结果予以分析。

表 5-8　对农村医疗救助制度解决贫困群众就医难问题的看法

		频率	百分比	有效百分比	累计百分比
有效	很大	64	11.5	13.4	13.4
	较大	256	45.9	53.8	67.2
	一般	135	24.2	28.4	95.6
	没什么用	14	2.5	2.9	98.5
	完全没用	3	0.5	0.7	99.2
	不清楚	3	0.5	0.6	99.8
	其他	1	0.2	0.2	100.0
	合计	476	85.3	100.0	
缺失	系统	82	14.7		
合计		558	100.0		

---

① 数据来源于 2009 年、2010 年《湖南省国民经济和社会发展统计公报》。

从表5-8中可以看出，农村居民对农村医疗救助的作用程度还是持肯定态度的：67.2%的农村居民认为作用较大，28.4%的农村居民认为作用一般，两者合计达95.6%。有关资料显示，2007年湖南省农村民政部门医疗救助的总数是1685644人次，其中资助1483631名农村贫困居民参加新型农村合作医疗，救助202013人次。[①]

第四节 农村医疗救助制度的满意度

分析农村医疗救助制度的效果，对于进一步完善和加快农村医疗救助制度的发展非常必要。农民作为农村医疗救助制度的需求方，其满意度最能体现出农村医疗救助制度的实际效果，也直接影响着农村医疗救助制度的可持续发展。这里借鉴顾客满意度指数模型在政府和公共部门的使用，根据当前农村医疗救助制度的具体实施情况，我们在分析农村居民对农村医疗救助制度的满意度时采用"农民的期望—对农村医疗救助制度的认知—对农村医疗救助制度的满意度—对农村医疗救助制度的认同度"的分析路径来探究农民对农村医疗救助制度的满意度。

一 农村居民对新型农村医疗救助制度的期望与认知

（一）农村居民对新农合和农村医疗救助制度的期望（见表5-9、表5-10）

农村居民对新型农村合作医疗制度的最大期望就是能切实减轻

---

① 数据来源于《2008中国民政统计年鉴》。

就医负担，对农村医疗救助制度的期望是"为贫困群体缴纳参加新农合的费用，并为他们解决就医难问题提供适当的帮助"（占 64.0%）和"为农村居民在就医方面提供适当的帮助"（占 31.4%）（见表 5-10）。

表 5-9 样本对新型农村合作医疗制度的期望

		频率	百分比	有效百分比	累计百分比
有效	可以减轻农民的疾病负担	447	80.1	93.9	93.9
	提高农民的生活质量	24	4.3	5.0	98.9
	提高健康意识，有病及时看	5	0.9	1.1	100.0
	合计	476	85.3	100.0	
缺失	系统	82	14.7		
	合计	558	100.0		

表 5-10 样本对农村医疗救助制度的期望

		频率	百分比	有效百分比	累计百分比
有效	为农村居民在就医方面提供适当的帮助	152	27.2	31.4	31.4
	完全解决贫困群体的就医难问题	3	0.5	0.6	32.0
	为贫困群体缴纳参加新农合的费用，并为他们解决就医难问题提供适当的帮助	310	55.6	64.0	96.0
	其他	16	2.9	3.4	99.4
	不清楚	3	0.5	0.6	100.0
	合计	484	86.7	100.0	
缺失	系统	74	13.3		
	合计	558	100.0		

(二) 农村居民对新农合和农村医疗救助制度的认知

在考察农村居民对新型农村合作医疗制度的期望时我们没有设计直接的问题,而是设计了"您认为当前的新型农村合作医疗制度面临的主要问题是什么"和"为推进新型农村合作医疗制度改革,政府需要做什么"[1.确定合理的筹资水平,完善筹资渠道 2.降低起付线,适当提高封顶线,建立大病补充医疗保险机制 3.完善医药费用报销机制 4.扩大补偿疾病的种类 5.加强对医疗资金的管理 6.其他(请注明)_____多选]两个间接问题。

表 5-11 当前新型农村合作医疗制度面临的主要问题

		频率	百分比	有效百分比	累计百分比
有效	以保大病为主,保障范围窄	203	36.4	42.1	42.1
	农民参与积极性低,资金筹措困难	63	11.3	13.1	55.2
	乡镇卫生院利用率低,医疗机构供给相对过剩	57	10.2	11.8	67.0
	报销比例与封顶线偏低,医药费用报销机制不健全	159	28.5	33.0	100.0
	合计	482	86.4	100.0	
缺失	系统	76	13.6		
合计		558	100.0		

从表 5-11 中我们可以看出当前农村居民对于新型农村合作医疗制度反映最为强烈的就是"以保大病为主,保障范围窄"(达42.1%);其次是"报销比例与封顶线偏低,医药费用报销机制不健全"(达33%),两者合计达75.1%。表 5-7 和表 5-11 看起来似乎有点矛盾,其实从农民的心理来说还是能解释通的,一方面他

们基本能接受新农合的报销比例,毕竟能使自己切切实实受益;另一方面他们还是希望报销的比例能够提高些,使其能更加有助于自己解决无钱看病的难题,所以便出现了这看似矛盾的调查结论。在对第二个多选的回答中排在前三位的问题分别是:降低起付线,适当提高封顶线,建立大病补充医疗保险机制;扩大补偿疾病的种类;完善医药费用报销机制。可见,农村居民尤其最希望的是能够提高报销比例与封顶线;扩大保障的范围。王军锋等 2006 年在对甘肃农村社会救助的调查、孙文中和赵文龙 2007 年在 Q 市农村对农村医疗救助的调查也得出类似的结论。

在考察农村居民对农村医疗救助制度的期望时我们设计了"特困群体参与新型农村合作医疗保险,应当谁负责承担保险费"这一问题(见表 5 - 12)。此问题,农村居民期望政府承担主要的责任("完全由政府承担"和"政府承担大部分、个人承担小部分"两者总计达 95.4%)。

表 5-12 对特困群体参与新型农村合作医疗保险的费用承担主体的意见

		频率	百分比	有效百分比	累计百分比
有效	完全由政府承担	152	27.2	31.4	31.4
	完全由个人承担	3	0.5	0.6	32.0
	政府承担大部分、个人承担小部分	310	55.6	64.0	96.0
	个人承担大部分、政府承担小部分	16	2.9	3.4	99.4
	不清楚	3	0.5	0.6	100.0
	合计	484	86.7	100.0	
缺失	系统	74	13.3		
	合计	558	100.0		

二 农村居民对新型农村医疗救助制度的满意度与认同度

鉴于以上农村居民对当前新型农村合作医疗制度以及农村医疗救助制度的期望与认知，他们对当前的新型农村合作医疗制度以及农村医疗救助制度持什么态度呢？

表 5-13 新型合作医疗的满意度情况

		频率	百分比	有效百分比	累计百分比
有效	很满意	108	19.4	20.1	20.1
	满意	360	64.5	67.1	87.2
	基本满意	63	11.3	11.7	98.9
	不满意	6	1.1	1.1	100.0
	合计	537	96.2	100.0	
缺失	系统	21	3.8		
合计		558	100.0		

从表 5-13 中可以得知：当前农村居民对新型农村合作医疗制度的运行状况的满意度还是较高的，非常满意的占 20.1%，满意的占 67.1%，基本满意的占 11.7%，三者合计达 98.9%，并且没有完全不满意的。

按照顾客满意度指数模型，顾客对服务的满意就会使顾客从满意中产生忠诚，即顾客愿意从特定的产品或服务供应处再次购买。表 5-14 就较好地说明了这一理论：当前有 45.2% 的农村居民非常愿意参加新农合，有 50.8% 的农村居民表示愿意参加，两者合计达 96.0%，并且没有人完全不愿意。

表 5-14　参与新型农村合作医疗的意愿

		频率	百分比	有效百分比	累计百分比
有效	非常愿意	240	43.0	45.2	45.2
	愿意	270	48.4	50.8	96.0
	无所谓	18	3.2	3.4	99.4
	不太愿意	3	0.5	0.6	100.0
	合计	531	95.2	100.0	
缺失	系统	27	4.8		
合计		558	100.0		

从表 5-15 中可以得出，当前农村居民对农村医疗救助制度的满意度也较高，很满意的占 18.2%，满意的占 55.9%，基本满意的占 25.2%，三者总计达 99.3%，且没有很不满意的。

表 5-15　农村医疗救助制度的满意度情况

		频率	百分比	有效百分比	累计百分比
有效	很满意	89	15.9	18.2	18.2
	满意	273	48.9	55.9	74.1
	基本满意	123	22.0	25.2	99.3
	不满意	3	0.5	0.7	100.0
	合计	488	87.5	100.0	
缺失	系统	70	12.5		
合计		558	100.0		

从以上分析可以得知，当前农村居民对政府在农村推行的医疗救助政策整体上来说满意度较高。

第五节　农村医疗救助制度实施效果的影响因素分析

通过以上对当前农村医疗救助制度的实施效果的分析，我们可以得出以下结论。第一，覆盖率方面，近几年来，由新农合的试点到全面铺开，再到农村医疗救助制度的实施，农村医疗救助制度有了长足的发展。我们抽样调查的湖南省到2007年形成了一个以政府大病医疗救助为主，农村新型合作医疗补助、慈善特大病救助等多道防线相结合的医疗救助体系。农村医疗救助体系的覆盖率得到了快速的发展，新农合的参合率、医疗救助的救助对象和范围均有了质的突破。当前的重点是在巩固已有成果的基础上，进一步提高医疗救助的瞄准率，充分发挥我们有限资源的应有作用；与此同时，新型农村合作医疗在坚持现有覆盖规范的前提下，适度提高报销的比例，拓宽保障的病种，降低起付线和适当提高封顶线。第二，受益度方面，无论是新型农村合作医疗还是农村医疗救助，目前大多数农村居民都认为从中受益较高。第三，满意度方面，农村居民对当前新型农村合作医疗和农村医疗救助的评价都较高、认同度颇高，对当前新型农村合作医疗和农村医疗救助基本满意的分别达98.9%和99.3%之高，愿意参与新型农村合作医疗的达96%。

一 农村居民保障范围窄的原因

目前我国新型农村合作医疗参合率已经达到了一个颇高的水平，基本上把农村居民全部纳入了保障的范围。当前农村居民之所以感到不如意，一是以大病保障为主，须住院才能报销，这在一定程度上影响了农民参合的积极性，也不利于这一制度的政策目的的达成；二是报销的病种和药物种类有待进一步拓展。

对于农村医疗救助方面，尽管我们样本数据统计的结果较乐观，然而在个案访谈时，有两个个案主要谈到了医疗救助对象瞄准失准的情况，出现重复救助和救助缺位并存的状况，有移花接木、冒名顶替、优待亲友的现象。王军锋等2006年在对甘肃农村社会救助调查时也发现有类似的情况存在。

二 农村居民认为从当前农村医疗救助政策中受益较高的原因

对于新型农村合作医疗和农村医疗救助，目前农村居民大多数都认为从中受益较高。这说明近几年来我们党和政府在农村的一系列惠民政策是深入人心、颇受欢迎的，也说明了我们的基层政府在落实政策的过程中在贯彻上级精神方面比较到位。我们在统计分析调查样本对相关政策的了解程度时，可喜地发现我们的样本中八成左右的农村居民认为自己比较了解（这比以前有了较大的进步），在其了解相关政策的渠道中，村组干部的宣传起到了比较大的作用。同时，现在通信网络以及电视广播的迅速普及对农村居民了解党的方针政策也起到了很好的作用。

我们也应该深刻意识到，大多数农村居民认为从当前的农村医疗救助政策中受益较高，并不意味着我们农村的医疗救助制度已经很完善。前文我们谈到这里有一个相比较的问题和诸多惠民政策共振的影响；我们的样本对当前农村医疗救助政策的受益度的矛盾性评价就是一种体现。

三 农村居民对农村医疗救助制度满意度较高的原因

影响农村居民对农村医疗救助制度的满意度的因素有哪些呢？在这里我们以"农村居民对新型农村合作医疗制度的满意度"和"农村居民对农村医疗救助制度"为因变量，以研究样本的性别、受教育年限、家庭人均年收入以及新农合的报销比例、运行机制和农村医疗救助的瞄准度、管理机制等为自变量建立多元线性回归模型,来探究影响农村居民对农村新农合和农村医疗救助制度满意度的因素,具体见表 5-16 和表 5-17。

表 5-16 以样本对新农合的满意度为因变量建立的多元线性回归模型

	未被标准化的回归系数		标准化回归系数	t	显著度
	B	Std. Error	Beta		
(Constant)	2.014	0.834		2.614	0.077
性别	-0.059	0.076	-0.042	-0.962	0.343
受教育年限	-0.021	0.349	-0.051	-0.128	0.678
家庭人均年收入	-0.038	0.056	-0.079	-0.826	0.077
新农合的报销比例	0.050	0.034	0.078	0.901	0.069
运行机制	0.068	0.057	0.089	0.749	0.067

表 5-17 以样本对农村医疗救助制度的满意度为因变量建立的多元线性回归模型

	未被标准化的回归系数		标准化回归系数	t	显著度
	B	Std. Error	Beta		
(Constant)	2.673	0.635		4.212	0.000
性别	-0.019	0.056	-0.027	-0.343	0.732
受教育年限	-0.025	0.099	-0.019	-0.249	0.804
家庭人均年收入	-0.044	0.034	-0.100	-1.306	0.193
瞄准度	0.011	0.052	0.036	0.214	0.031
管理机制	0.001	0.050	0.001	0.011	0.992

从表 5-16 的模型中各变量决定的显著度可以看出,各项自变量均未能通过显著度检验,都不能对农村居民对新农合的满意度产生显著影响。农村居民对新农合的满意度,并不取决于我们所假定的这些因素,或者说不能从其中发现统计学规律。从表 5-17 中可以看出对"农村居民对农村医疗救助制度满意度"有显著作用的变

量有一个，即"农村医疗救助的瞄准度"，其 Beta 的绝对值为 0.036，t 的显著性为 0.031，其余的各项自变量均未能通过显著度检验。"农村医疗救助的瞄准度"对"农村居民对农村医疗救助的满意度"有正向影响，即样本地区农村医疗救助的瞄准度越高，样本对农村医疗救助的满意度就越高。

农村居民对当前农村医疗救助制度满意度较高的原因主要有三点。第一，近年来党和政府政策贯彻落实得比较好。第二，从 2006 年至今，我们党和政府在农村推行了一系列的惠民政策：农村低保、新型农村合作医疗（医疗救助）、农村养老保险的试点、农村临时救助等。这一系列政策往往会产生一种同频共振的效果。第三，按照顾客满意度指数模型，顾客对服务质量的预期和顾客对服务现有质量的认知的比较导致顾客对服务的满意度，顾客的满意度就会导致顾客最终的行为选择是从满意中产生忠诚（即顾客愿意从特定的产品或服务供应处再次购买）还是从不满意中产生抱怨甚至投诉。按照这一理论模式，根据特有的国情和人文环境，农民对于现行的党和政府在农村推行的这一系列的惠民政策的期待都不会太高（不少政策都是我们以前没有的，即使有，在力度、广度和规范性方面都不能与当前的相比较），甚至可以说期待非常低。较低的期望加上当前我们政府这一系列政策的颇为到位，产生了我们目前的调查结果。

第六章 农村临时救助制度的实施效果

农村临时救助制度是对农村最低生活保障制度以及其他专项救助制度的有效补充，其根本目的是解决农村低收入家庭遇到的临时性、突发性困难，帮助他们战胜暂时困难，使他们在人生的艰难时期获得一个缓冲的机会，得以重新发展。本章主要从农村临时生活救助制度救助率、接受临时生活救助农民的受益度以及农民群体对当前农村临时生活救助制度的满意度三个方面来分析农村临时生活救助制度的实施效果。

第一节 农村临时救助制度的实施状况

给予因突发性、临时性等特殊原因使生活出现暂时困难的家庭非定量、非定期的生活救助，这样的救助制度是临时生活救助制度。临时救助的目的主要是解决低收入家庭遇到的临时性、突发性困难，是对城乡最低生活保障制度以及其他专项救助制度的有效补充。长期以来，临时救助制度在保障城乡困难群众的基本生活，解决他们的特殊困难方面发挥了重要作用。构建和谐社会思想提出以后，中央对临时救助制度建设更加重视。在第十二次全国民政会议上，回良玉副总理指出："各地要站在践行'三个代表'重要思想，落实科学发展观，构建和谐社会的战略高度上，首先从思想上正确认识临时救助制度的重要作用；要按照温家宝总理的要求，深入了解民意，认真研究城乡低收入群体、低保边缘群体的贫困问题，积极采取有力措施抓落实，进一步建设和完善临时救助制度。"为了妥善解决城乡贫困居民的突发性、临时性生活困难，推进社会救助体系建设，民政部于2007年6月围绕"关于进一步建立健全临时救助制度"这个主题发布通知，要求对临时救助的对象、标准、发放程序、资金来源以及管理等方面加以严格规范。迄今为止，北京、天津、内蒙古、黑龙江、浙江、江苏、江西、湖南、湖北、重庆等16个省（区、市）全面建立了城乡居民临时救助制度。临时救助制度正逐步发展成为新型社会救助体系的重要内容。

为了科学、合理地解决城乡贫困居民的临时性生活困难，进一步推进湖南城乡社会救助体系建设，湖南省人民政府决定建立临时性生活困难救助制度，并于2009年4月颁发了《湖南省人民政府办公厅关于建立临时性生活困难救助制度的通知》（以下简称《通知》）。《通知》对临时救助发放程序、资金管理、对象范围、金额等做了较为详细的规定；《通知》要求各地方政府要在2009年6月底前制定好临时救助的具体实施办法。我们调查的三个个案市分别于2009年下半年和2010年上半年出台了各自的临时社会救助制度——《郴州市城乡困难群众临时生活救助暂行办法》（郴政办发〔2009〕34号）、《邵阳市临时生活困难救助制度实施办法》（市政办发〔2009〕14号）、《长沙市城乡困难居民临时救助办法》（长政发〔2010〕5号），分别对各自辖内临时社会救助对象的范围、金额、发放程序、资金管理等做了较为详细的规定。在救助对象的范围、金额方面，长沙市显得较为灵活，给地方（区、市和县）以较大的政策空间；郴州和邵阳两市各自根据自身的实际情况对临时救助对象的范围、金额数量、发放程序、资金的科学管理等也做了合乎民意的界定。

第二节　农村临时救助制度的救助率

农村临时救助是指对由各种原因导致基本生活出现暂时困难的低收入家庭给予非定量、非定期的生活救助。从这里可以看出，农村临时救助的对象应该是由各种特殊原因造成基本生活出现暂时困难的农村低收入家庭，具体如何界定农村临时救助对象呢？据中央相关制度的规定（具体见第五章），目前我国农村临时救助对象主要包括两类。一是已经纳入最低生活保障和其他专项社会救助制度覆盖范畴，但由于各种原因，基本生活出现暂时困难或较大困难的低收入家庭。二是当地政府通过调查了解再认定的困难人员。理想的临时救助政策应该做到"应救尽救"，即凡是符合条件的农村居民都应该获得救助，因此我们可以通过应救率和实际救助率的吻合程度来评估农村临时救助制度的有效性，如果实际救助率和应救助率越靠近，说明该政策越有效，否则，功效越低。当然，这是以准确的瞄准率作为前提的（瞄准率也是政策评估指标之一，关于瞄准率的问题，后面会进一步分析）。农村临时救助的救助率指的是实际获得救助的农村贫困人口占需要救助总人口的比重。由于缺乏具体的农村居民家户调查数据，我们只能通过此次调查的具体情况结合湖南统计信息网、湖南民政网以及近三年《湖南省国民经济和社会发展统计公报》的数据来对湖南近几年农村临时救助的救助率做一个概要描述。

一 地方政府对救助对象的界定及实际救助情况

临时救助制度实施的时间不长（湖南省是 2009 年 4 月正式出台制度的，三个个案市分别于 2009 年下半年和 2010 年上半年出台了各自的临时社会救助制度），加上各地方政府规定的救助对象范围尽管基本上是按照中央精神来安排，但在具体操作细节方面还是存在差别：长沙市显得较为灵活，给地方（区、市和县）以较大的政策空间；郴州市对于第一类型中的"低保边缘家庭"是这样界定的——家庭月人均收入在当地低保标准的120%以内的困难家庭；邵阳市对于第一类型中的"特殊原因造成基本生活出现暂时困难的低收入家庭"是这样界定的——家庭月人均收入在当地低保标准的250%以内的家庭，而对于"低保边缘家庭"是这样界定的——家庭月人均收入在当地低保标准的150%以内的家庭。这就给我们确定救助对象带来了较大的困难。因此，在这里我们只能根据抽样样本的情况和各地方政府公布的相关数据对此做一个概述。

按照我们抽样城市对临时救助对象的界定，我们可以把接受临时救助的对象确定为家庭收入处于当地40%的家庭，即我们样本中家庭收入处于下等及中下等水平的家庭。从我们抽样的数据来看，558 个有效样本中在家庭收入处于下等的有 234 个，占样本总量的 41.9%；中下等的有 78 个，占 14.0%，两者共占样本总量的 55.9%。从表 6-1 中我们可以看出，样本中共有 129 个家庭申请过临时救助。从我们的个案访谈情况来看，临时救助不同于低保救助（低保一般是分指标到村组，而临时救助是要求受助者本人提出申请），而且目前农村居民主动向政府寻求救助的意识还不是很强，所以，这些申请过临时救助者一般应是在基础干部（主要是村组）的动员之下提出申请的。因此，我们可以说其申请的成功率一般较高。从表6-2中我们可以得知，在我们抽样的村组里面临时救助的发生比为84.8%。由此我们可以推断出样本地区农村临时救助率应为53.1%（129与243的比值）~84.8%（不低于55.0%）。

表6-1 申请临时救助的情况

		频率	百分比	有效百分比	累计百分比
有效	申请过	129	23.1	24.0	24.0
	没有申请过	408	73.1	76.0	100.0
	合计	537	96.2	100.0	
缺失	系统	21	3.8		
合计		558	100.0		

表6-2 所在的村组是否有人接受过临时救助

		频率	百分比	有效百分比	累计百分比
有效	有	453	81.2	84.8	84.8
	没有	78	14.0	14.6	99.4
	不清楚	3	0.5	0.6	100.0
	合计	534	95.7	100.0	
缺失	系统	24	4.3		
合计		558	100.0		

二 临时救助对象的识别瞄准率

考察农村医疗救助的救助率除了在整体上考察救助对象占应救助人口的比重，还有一个重要的指标——临时救助对象识别瞄准率。临时救助对象识别瞄准率指的是得到救助的人占应救助对象的比重。只有综合考虑这两个指标我们才能真正地了解应保对象得到救助的有多少。

从表6-3中可以看出，临时救助对象的识别瞄准率并不高，临时救助对象均是确实有困难的群众不足六成，大部分是的仅仅两成，两者合计也不足八成。这一点与王军锋等2006年对甘肃农村社会救助调查时发现的情况一样[137]。

表6-3 临时救助对象中困难者的比例情况

		频率	百分比	有效百分比	累计百分比
有效	都不是	36	6.5	7.3	7.3
	极少数是	30	5.4	6.0	13.3
	部分是	39	7.0	7.9	21.2
	大部分是	99	17.7	20.0	41.2
	都是	291	52.2	58.8	100.0
	合计	495	88.7	100.0	
缺失	系统	63	11.3		
合计		558	100.0		

第三节 农村临时救助制度的受益度

临时救助的目的主要是帮助困难家庭摆脱暂时的困难，渡过难关，提升其抵御社会风险的能力。当前针对农村低收入家庭实施的农村临时救助制度对减缓受助者家庭的暂时性困难产生了多大的作用，对维护农村低收入家庭基本的生存权、提升其抵御致贫风险的能力有多少实质性的效果呢？本节主要从农村临时救助标准的充足性和针对性两方面来考察这一制度对农村贫困家庭的受益程度。

一 农村临时救助标准的充足性

标准的充足性指的是农村临时救助的发放金额是否能使受救助者的基本生活需求得到保障,帮助其渡过临时的难关。要考察这一点至少要从两方面来分析:一是救助金额的多少;二是受救助者本人对农村临时救助标准的看法。

从表6-4中我们可以得知,农村居民对"当前农村临时救助制度对解决贫困群众困难的作用"的评价一般,认为作用很大的占13.9%,较大的占51.7%,两者合计65.6%;认为没什么用的占2.2%。个案12的看法也证实了这一点。

表6-4 对农村临时救助制度解决贫困群众困难作用的看法

		频率	百分比	有效百分比	累计百分比
有效	很大	75	13.4	13.9	13.9
	较大	279	50.0	51.7	65.6
	一般	174	31.2	32.2	97.8
	没什么用	12	2.2	2.2	100.0
	合计	540	96.8	100.0	
缺失	系统	18	3.2		
合计		558	100.0		

个案12 姓唐,女性,初中文化,现年55岁(我们访谈中年龄最大的个案,无子女,单身生活。访谈一年前因交通事故致残,肇事者逃逸):"去年车祸时政府给了我1000元的救助款,1000元对于我一个农村的老太婆来讲也不是一个小数目,但还不够我治疗的钱,那个该死的司机又逃跑了。不过我还是感谢政府对我的关心。"

二 农村临时救助标准的针对性

农村临时救助标准的针对性指的是临时救助标准要做到有的放矢，要根据不同的群体（如未成年人、残疾人和老年人）进行不同的制度设计和安排，不能一概而论。因此，临时救助的标准必须针对不同的人群而有所区别，这样才能既体现临时救助的实质公平，又能充分发挥出农村临时救助的实际效用，提高救助资金的利用率和享受对象的受益度。我们抽样调查的三个市的制度制定都体现出了一定的机动性：郴州市的规定是最高不超过 4000 元；邵阳市的规定是救助金额范围为 300~2000 元。那么，作为受助对象的农村居民怎么看待这一标准呢？

从表 6-5 中可以看出，对于当前农村临时救助制度存在的最突出的问题，农村居民反映最强烈的还是"经费短缺，保障和救助水平低"。因此，尽管制度设计时政府考虑到了不同群体的不同需求，但是由于资金的缺乏、总体水平不高，农村居民对于农村临时救助带给他们的受益度整体上评价还不高。

表 6-5 当前农村临时救助制度存在的突出问题

		频率	百分比	有效百分比	累计百分比
有效	经费短缺，保障和救助水平低	384	68.8	71.5	71.5
	覆盖面窄	108	19.4	20.1	91.6
	缺乏制度保证	6	1.1	1.1	92.7
	保障和救助对象确定手续复杂	15	2.7	2.8	95.5
	下级部门执行不力	21	3.8	3.9	99.4
	其他	3	0.5	0.6	100.0
	合计	537	96.2	100.0	
缺失	系统	21	3.8		
	合计	558	100.0		

第四节 农村临时救助制度的满意度

分析农村临时救助制度的效果,对于进一步完善和加快农村临时救助制度发展是非常必要的。农民作为农村临时救助制度的需求方,其满意度最能体现出农村临时救助制度的实际效果,也直接影响着农村临时救助制度的可持续发展。这里借鉴顾客满意度指数模型在政府和公共部门的使用,根据当前农村临时救助制度的具体实施情况,我们在分析农村居民对农村临时救助制度的满意度时采用"农民的期望—对农村临时救助制度的认知—对农村临时救助制度的满意度—对农村社会救助制度的认同度"的分析路径来探究农民对农村临时救助制度的满意度。

一 农村居民对农村临时救助制度的期望与认知

(一) 农村居民对农村临时救助制度的期望

表6-6 样本对农村临时救助制度的期望

		频率	百分比	有效百分比	累计百分比
有效	为贫困群体解决暂时性生活问题提供适当的帮助	262	47.0	52.9	52.9
	能完全解决好贫困群体的生活困难问题	14	2.5	2.8	55.7
	为农村居民在遭受暂时性、意外的事变时提供适当的帮助	207	37.1	41.9	97.6
	其他	12	2.2	2.4	99.4
	合计	495	88.7	100.0	
缺失	系统	63	11.3		
	合计	558	100.0		

从表6-6中可以看出，农村居民对农村临时救助制度的期望是"为贫困群体解决暂时性生活问题提供适当的帮助"（占52.9%）和"为农村居民在遭受暂时性、意外的事变时提供适当的帮助"（占41.9%），两者合计达94.8%。由于当前我国经济社会发展的条件所限，当前我国临时救助的对象主要是贫困群体，而没有覆盖到所有居民（当然，对临时救助的对象学术界本来就有争执），可见，目前我们调查地区的农村居民对农村临时救助制度的期待要高于农村临时救助制度设计的初衷。

（二）农村居民对农村临时救助制度的认知

在考察农村居民对农村临时救助制度的期望时我们没有设计直接的问题，而是设计了"当前农村临时救助制度存在的最突出的问题是什么"和"为切实解决困难群众的临时困难，您认为政府还应该做哪些工作"（1. 加大财政支持力度；2. 健全农村临时救助法规制度；3. 为临时救助对象提供就业机会；4. 为临时救助对象提供教育培训机会；5. 为临时救助对象提供精神抚慰；6. 加强对相关机构工作的规范、约束和监督。多选）两个间接的问题。

从表6-5中我们可以看出，当前农村居民对于临时救助制度存在的最突出的问题反映最为强烈的就是救助水平低（达七成多），其次是覆盖面较窄（两成左右），两者合计达九成多。在对第二个多选的回答中排在前三位的问题分别是：加大财政支持力度、为临时救助对象提供就业机会和为临时救助对象提供教育培训机会。可见，农村居民尤其是救助对象最希望的是能够提高临时救助额度和扩大其覆盖面。

二 农村居民对农村临时救助制度的满意度与认同度

鉴于以上农村居民对当前农村临时救助制度的期望与感知，那么，他们对当前的农村临时救助制度持什么态度呢？

从表6-7中可以得知，当前农村居民对农村临时救助制度的满意度还是较低，非常满意的占12.8%，满意的占51.4%，两者合计仅64.2%，不太满意的占9.5%，可见农村居民对于农村临时救助制度的满意度低于对农村最低生活保障制度和农村医疗救助制度的满意度。

表6-7 农村临时救助制度的满意度情况

		频率	百分比	有效百分比	累计百分比
有效	非常满意	69	12.4	12.8	12.8
	满意	276	49.5	51.4	64.2
	基本满意	141	25.3	26.3	90.5
	不太满意	51	9.1	9.5	100.0
	合计	537	96.2	100.0	
缺失	系统	21	3.8		
合计		558	100.0		

从表6-4中可以得知，当前农村居民对农村临时救助制度的认可度也是一般，认为当前农村临时救助制度对解决贫困群众困难的作用很大的占13.9%，较大的占51.7%，两者合计占65.6%。

按照顾客满意度指数模型，当顾客对服务感知的质量低于其预期的质量时，导致的结果是顾客的不满意甚至投诉。虽然农村居民不会也不可能因为救助标准低而去投诉政府，但是这势必影响这一制度的政策目的的实现，不利于这一制度的持续发展。

第五节 农村临时救助制度实施效果的影响因素分析

通过以上对当前农村临时救助制度的实施效果的分析,我们可以得出以下结论。第一,覆盖率方面,农村临时救助制度的救助率偏小。其瞄准率偏低,以致没能充分发挥有限资源应有的作用。第二,受益度方面,目前农村居民对农村临时救助制度的评价不高,仅65.6%的人认为农村临时救助资金对解决其临时困难作用较大,这主要体现在临时救助标准的充足性不够、针对性不强。第三,满意度方面,农村居民对当前农村临时救助制度的评价较低、认同度不高,对当前农村临时救助制度满意的只有64.2%,认为农村临时救助对解决贫困群众困难作用较大的占65.6%。

一 农村临时救助制度的救助率偏小,瞄准率偏低的原因

从前文的分析我们已经得知目前我国农村临时救助率应为53.1%~84.8%(不低于55.0%)。而从总体来看,农村临时救助制度的瞄准率偏低,偏低的瞄准率对救助率无疑产生了重要影响。导致临时救助瞄准率偏低的原因是什么呢?

表6-8 救助对象是否会公示

		频率	百分比	有效百分比	累计百分比
有效	会	426	76.3	86.6	86.6
	不会	63	11.3	12.8	99.4
	不清楚	3	0.5	0.6	100.0
	合计	492	88.2	100.0	
缺失	系统	66	11.8		
合计		558	100.0		

表6-9　资金发放是否公开透明

		频率	百分比	有效百分比	累计百分比
有效	是	414	74.2	82.6	82.6
	否	21	3.8	4.2	86.8
	不清楚	66	11.8	13.2	100.0
	合计	501	89.8	100.0	
缺失	系统	57	10.2		
合计		558	100.0		

表6-10　资金发放过程是否存在违规操作

		频率	百分比	有效百分比	累计百分比
有效	是	45	8.1	9.0	9.0
	否	408	73.1	81.4	90.4
	不清楚	48	8.6	9.6	100.0
	合计	501	89.8	100.0	
缺失	系统	57	10.2		
合计		558	100.0		

表6-11　临时救助工作中是否有监督机制和举报途径

		频率	百分比	有效百分比	累计百分比
有效	是	372	66.7	70.1	70.1
	否	36	6.5	6.8	76.9
	不清楚	123	22.0	23.2	100.0
	合计	531	95.2	100.0	
缺失	系统	27	4.8		
合计		558	100.0		

从表6-8、表6-9、表6-10和表6-11中我们可以看出，农村临时救助的管理体制还存在不完善的地方。在低保对象的确定方

面，并没有完全按照制度来执行，有些地方甚至没有通过应有的途径和手续（个案2反映的就是一个典型）。同时，低保资金发放的公开透明性还有待加强，相关的监督机制有待完善和通畅。

  个案2 姓申，男性，高中文化，现年35岁："低保和合作医疗都有限定，低保指标是分到每个组的，大家都睁着眼看着的呢！合作医疗嘛！你要经过相关部门批准才能上报。而临时的救助，我们只是知道有这么回事，具体也不是很了解，反正人家是从上面弄下来的钱，我的一个邻居70多岁了，他的条件在我们组里应该属于中等水平吧，他的一个侄子在市民政部门，有关系啊！这两年连续两年都给他弄下来2000元钱，人家县民政局的工作人员还亲自开车送上门呢。"

  （访谈人员问："没人去举报？"）

  "一嘛这钱是人家通过关系从上面弄下来的，又不妨碍别人，谁管那闲事，去干那种损人不利己的事呢？二嘛举报要亲自到乡政府去，据说还要登记自己的真实姓名，打个电话政府还不一定理睬你。再说，人家有关系，你还未必告得进，乡里乡亲的，何苦呢。"

二　农村临时救助对象受益程度不高的原因

  导致农村临时救助对象受益程度不高的原因除了临时救助发放资金的绝对值偏低外，还有两个因素对其产生影响。一是与临时救助对象的瞄准率偏低有关。鉴于当前我国经济社会发展的状况，用于农村临时救助的资金本来就不是很充裕（一些经济欠发达的地区更是如此），临时救助对象的确定失准自会使本来有限的资源更难以发挥出应有的作用。二是临时救助发放金额针对性不强,这又体现在两个方面。第一,从三个抽样城市的政策设计来看,制度制定时一般考虑到了其针对性,所以一般只是给定了一个范围,以便于政策落实时根据具体情况具体操作。然而实际操作时,我们与相关办事人员交谈了解到,临时救助制度本来是针对贫困边缘群体遇到临时性困难而实施的,上限的限定使得政策的落实对一些困难颇大的群体意义不大,只顾数量而不重质量的"散花式"救助往往导致救助对象获益不大。第二,救助的形式比较单一,一般以金钱的发放为主,这种方式缺乏多样性,没考虑施救对象的不同需求(如对就业机会的需求,对教育培训机会的需求等),也没根据受助对象的不同特征(如年龄、文化程度等)采取不同的救助方式(调查中样本对问题"为切实解决困难群众的临时困难,您认为政府还应该做哪些工作"的回答就是一个很好的说明)。

三 救助对象对农村临时救助制度满意度较低的原因

按照顾客满意度指数模型,当顾客对服务感知的质量低于其预期的质量时,导致的结果是顾客的不满意甚至投诉。从我们统计分析的结果来看,农村居民对农村临时救助的预期明显要高于其感知,这导致当前农村居民对农村临时救助制度的满意度偏低。影响农村居民对农村临时救助制度的满意度的具体因素有哪些呢?这里我们以"农村居民对农村临时救助制度的满意度"为因变量,以研究样本的性别、受教育年限、家庭年人均收入以及农村临时救助的标准、瞄准度和农村临时救助制度的管理机制等为自变量建立多元线性回归模型,探究影响农村居民对农村临时救助制度满意度的因素(见表6-12)。

表 6-12　以样本对农村临时救助制度的满意度为因变量建立的多元线性回归模型

	未被标准化的回归系数		标准化回归系数	t	显著度
	B	Std. Error	Beta		
(Constant)	2.204	0.652		2.514	0.034
性别	-0.169	0.043	-0.171	-0.637	0.340
受教育年限	-0.044	0.529	-0.031	-0.124	0.933
家庭年人均收入	-0.218	0.055	-0.075	-0.849	0.067
临时救助标准	0.037	0.054	0.062	0.700	0.049
临时救助的瞄准度	0.061	0.075	0.081	0.785	0.035
管理机制	0.055	0.066	0.065	0.549	0.041

从表 6-12 的模型中各变量决定的显著度可以看出，对"农村居民对农村临时救助制度满意度"有显著作用的变量有三个，即"临时救助标准"、"临时救助的瞄准度"和"管理机制"。其中，"临时救助的瞄准度"对农村居民对临时救助制度的满意度影响最为显著，对因变量的贡献最大，其 Beta 的绝对值为 0.081，t 的显著性为 0.035；其次依次为"管理机制"和"临时救助标准"，其 Beta 的绝对值分别为 0.065 和 0.062，t 的显著性分别为 0.041 和 0.049。这三个变量对"农村居民对农村临时救助制度的满意度"均有正向影响，即样本地区农村临时救助制度的瞄准度越高、管理体制越健全、救助标准越高，样本对临时救助的满意度就越高。由此我们得出：某地区农村临时救助制度的瞄准度越高、管理体制越健全、救助标准越高，农村人民对临时救助的满意度就越高。这三者中"瞄准度"对因变量的影响最显著、贡献最大。瞄准度考察的

是救助对象中真正属于救助对象的比例，瞄准度越高说明救助资金的有效利用率越高，农村人民也认为这一制度越公正，这说明在一定程度上，人民往往更关注的是某项制度的公正性，一项相对公正的制度更能被人民所认可。

第七章 研究结论与政策建议

第一节 研究结论

第四章、第五章、第六章以覆盖率、受益度和满意度为主要评价指标对农村最低生活保障制度、农村医疗救助制度和农村临时救助制度三个新型农村社会救助制度的实施效果做了分析和探究,主要研究结论如下。

一 覆盖率

第一,农村最低生活保障的覆盖率。通过近几年的发展,农村最低生活保障的覆盖率得到了长足的发展,目前已经完全达到国际通行的当地人口总量的5%的标准(2010年湖南全省农村低保覆盖率为6.8%,其中长沙市为5.0%,郴州市为6.5%,邵阳市为6.03%)。

第二,农村医疗救助制度的覆盖率。近几年来,由新农合的试点到全面铺开,再到农村医疗救助制度的实施,农村医疗救助体系的覆盖率得到了快速的发展,新农合的参合率、医疗救助的救助对象和范围均有了质的突破(新农合的参合率、医疗救助的救助率均达95%以上)。

第三,农村临时救助制度的覆盖率。由于农村临时救助制度推行的时间较短,运行机制尚不够完善,农村临时救助制度的救助率偏小(53.1%~84.8%)。

当然,不论是农村最低生活保障还是农村临时救助,都存在瞄准率偏低的不足。

二 受益度

第一,农村最低生活保障的受益度。受益度方面,目前农村居民对农村最低生活保障的评价不高,仅五成人认为低保补助金能基本维持基本生活需求,这主要体现在低保标准的充足性不够、针对性不强。

第二,农村医疗救助制度的受益度。当前大多数农村居民都认为能从医疗救助中受益,受益度较高(83.2%的农村居民认为新农合能基本满足其基本医疗需求,67.2%的农村居民认为农村医疗救助对解决贫困群众就医难问题的作用较大)。

第三,农村临时救助制度的受益度。目前农村居民对农村临时救助制度的评价不高,仅65.6%的认为农村临时救助资金对解决其临时困难作用较大,这主要体现在临时救助标准的充足性不够、针对性不强。

三 满意度

第一,农村最低生活保障的满意度。农村居民对当前农村最低生活保障制度的评价较高、认同度较高,对当前农村最低生活保障制度满意的达74.8%,认为最低生活保障对解决贫困群众困难作用较大的占七成多。

第二,农村医疗救助制度的满意度。农村居民对当前新型农村合作医疗和农村医疗救助的评价都较高、认同度颇高,对当前新型农村合作医疗和农村医疗救助基本满意的农民分别达87.2%和74.1%,愿意参与新型农村合作医疗的占96%。

第三,农村临时救助制度的满意度。农村居民对当前农村临时救助制度的评价较低、认同度不高,对当前农村临时救助制度满意的只有64.2%。

第二节 政策建议

社会救助是社会保障体系中的重要内容,是国家承诺对无生活来源、无家庭依靠并失去工作能力的人以及收入在最低生活标准以下的个人和家庭的一种无偿救助,在整个社会保障网络体系中处于最初级、最基本的层次。作为"社会安全网"的重要组成部分,社会救助对维护社会的稳定,促进社会良性、有序地运行,进而保持社会和谐具有重要的作用。因此,一定要加强社会救助的制度建设,促进社会救助管理机制的改革和创新,使得社会救助能真正发挥其应有的作用。

一 农村最低生活保障制度的改革设想

对于目前农村最低生活保障出现的瞄准率不高、救助标准过低和管理体制不够健全和不够完善的状况,应从以下几个方面去改善。

(一)要科学合理地确定救助标准与救助对象

一是要制定一套科学的设计方法,提高现有的救助标准。可以在借鉴国际经验的基础上结合本地区实际制定适合本地区实际情况的低保标准，以切实保障贫困群体的基本生活。例如，国际上通用的是按收入比例法计算，即把人均收入的33%定为贫困线。我们可以借鉴这一方法，这也能保证贫困群体能通过社会救助分享社会经济发展的成果。二是要在设计救助标准时使人们走出"失业陷阱"和"贫困陷阱"，把家庭规模对需求的影响考虑在内。由于现行制度的救助制度替代率几乎达到了100%，即就业收入增加多少，救助金就相应减少多少，又加上家庭规模需求效应，故而对低保家庭来说，就业并不意味着能增加家庭收入，甚至意味着减少了家庭收入，这就大大削弱了他们就业的动机，或者只能寻求隐性就业。为此，上海市引入救助标准抵扣和渐退措施，取得很好的成效。今后，我们可以在此基础上将抵扣标准再提高一点，将渐退的时间延长一点，让低保对象的就业变得"有利可图"，以强化他们的就业积极性，走出生活的困境。三是要逐步扩大救助对象范围。现行的制度实行的是户籍所在地资格审核制。即使是重庆模式中所谓的"覆盖全体公民"、"真正意义上实现了全民化"，也还只是在此基础上的全面覆盖。由于社会发展而产生的部分新的城市贫困群体却被这个制度排除在外。在城市居住并从事多年劳动而户籍仍在农村的农民工就是被排除的群体之一。类似农民工这样生活在城市边缘的群体，他们虽然户籍在农村，但在城市生活多年，甚至举家都已搬迁到城市，对城市的建设发展贡献不少，实际意义上已是城市居民，户籍和居住地的矛盾使得他们中的不少人成为低保制度的"局外人"。所以，我们的低保制度要建立起真正意义上的全面覆盖，应该把这一部分群体覆盖在内。四是要加强对低保制度执行的监管，真正做到公开、公正和阳光操作，提高低保对象确定的瞄准率，充分利用好已有的资源。

（二）要加大财政投入力度，完善财政补助制度

一是首先要建立社会公共财政，加大社会救助资金投入。加快财政预算支出结构调整步伐，各级财政尤其是中央财政，要按照建立社会公共财政的目标，明显提高社会保障资金支出占财政预算支出的比重，尤其是较大幅度地提高低保资金所占的比例，切实扭转一段时间以来社会保障资金"重保险，轻救助"的倾向，应该把所列支的社会保障资金主要用到居民最低生活保障等社会救助上，做到基本满足实施城市居民最低生活保障制度的需要。二是要建立社会救助资金自然增长机制。按照国家法定统计部门公布的与城市贫困和反贫困相关的最近数字资料，各级财政按照数学的系数比例，自动增加社会救助资金，提高补助标准。三是要实行下级财政先列预算、上级财政再补助办法，从制度上为基本生活救助所需资金提供保证。这样就可以从制度上根本解决一些地方不列或少列预算、列而不支以及依赖中央财政等问题，使各地基本生活救助工作不因当地资金短缺而受到影响。四是要按比例拨付财政补助资金。上级财政根据下级财政所负担的对象实际人数，参照下级财政实力，分别按照一定的费用比例拨付资金补助。这种做法从救助对象数量和财力实际出发，体现了差别性政策，有以下好处：体现了上级政府对所属企业的责任，真正实现了分级负担、分级管理；体现了上级政府对经济不发达地区的照顾和倾斜；有利于调动积极性，保的人数越多，从上级财政那里得到的资金补助就越多；能够使各地做到心中有数，保了多少人需要花多少钱，一清二楚，有利于各级政府安排财政预算。同时，在已经建立农村低保的地方，当地财政要加大农村低保资金的投入，将农村居民最低生活保障资金列入财政预算，并保证及时足额发放。中央、省级两级财政应建立农村最低生活保障调剂金，用于补助西部地区、贫困地区、革命老区、少数民

族地区的农村低保资金的不足。

(三) 要创新最低生活保障制度的管理体系

一是要建立最低生活保障制度的申请、调查、审核、审批、备案等程序规范化，使基本生活救助各项具体工作有章可循。各地在具体工作中要注意坚持公开、平等、民主的管理原则，做到救助对象、资金和标准三公开，使最低生活保障制度工作规范化。二是要建立相关政府部门的协调机制。开展最低生活保障制度工作的政府部门包括民政、财政、统计、物价、劳动、经贸等部门，它们在开展最低生活保障制度工作中是一种分工协调、相互配合的关系。其中，民政部门是主管部门，负责救助标准的制定、救助对象的资格审查及其他管理工作等；统计部门、物价部门、财政部门等则在确定救助标准时与民政部门相互配合，提供相关的指标和信息；财政部门承担着救助资金的预算及其执行的主要任务等。因此，只有这些部门相互配合协调才能保证最低生活保障制度的有序进行。三是要充分发挥基层组织的作用。经过几十年的建设，全国已形成了有效的基层组织系统。它们是救助制度的基层组织机构，与广大群众联系密切，比较了解群众的生活状况，因而在最低生活保障制度的实施中发挥着其他机构难以替代的作用。在具体工作中，基层组织主要承担救助对象的审核、家庭收入的调查和核实、救济金的发放等日常的基础工作。

(四) 要制定和落实与农村最低社会保障相配套的救助政策

农村最低社会保障制度要发挥其应有的作用，起到良好的实施效果，必须还要考虑其他社会政策和制度的配套，前文农村居民对现有制度的评价与期望也体现了这一点。因此，第一，对有劳动能力但缺乏劳动机会的保障对象，要建立起就业激励机制。通过职业培训、提供再就业优惠政策等形式增强受助者的就业动机，提升其就业的能力，增加其就业的机会，鼓励受助者积极主动就业。第二，要尽快完善其他社会保障制度，建立多层次的农村社会保障体系。扩大和增强医疗救助、临时救助、新农合、农村养老保险等的社会保障功能，尽量在其他层面上缓解农村贫困人口，减少绝对贫困人口的数量，减轻最低生活保障体系的压力，逐步提高最低生活保障标准。第三，要调动其他社会力量的积极性，充分发挥其应有的作用。如发展社会福利社团、各种慈善团体和社会捐助基金等，以此作为农村最低社会保障制度的补充。当然，我们应该认识到，最低社会保障制度不是一种临时性的制度安排，它是一个重要的、长期性的制度，是我们建设和谐社会的重大政策之一，我们应该在经济、社会的发展过程中不断地对它加以健全和完善。

二 农村医疗救助制度的改革设想

医疗救助的出现是在我国保障弱势群体的生存权利的实践中产生的，它是一种新的社会救助形式，因此医疗救助的发展就是一个不断完善的过程。医疗救助的发展应该从体制和制度两个方面着手，不断完善医疗救助体系，规范医疗救助行为，发展医疗救助事业。

（一）要尽快制定相关法律，确保农村医疗救助得以顺利实施

法律具有稳定性、可预测性和权威性的特点。在依法治国的今天，各项事业都应该以法律为准绳来开展，农村医疗救助当然也如此。只有把农村医疗救助事业纳入法治的轨道，救助工作才能做到有据可依、有章可循，农村医疗救助工作也才能得以高效、稳定、持续、可预期地进行。然而，目前我国的医疗救助很多是各个地方政府根据各自的地方性部门规章来进行，内容欠统一、标准参差不齐、随意性强，这自然导致救助效果不理想。因此，政府和有关部

门应该适时总结实际经验，统一制定专门的医疗救助法律法规，统一部署安排农村的医疗救助，可预见性、可操作性地来确定农村医疗救助各项内容，包括救助的原则、对象、标准、内容以及组织管理。借助法律的权威来规范政府不同部门之间的职责，确保农村医疗救助的顺利实施，同时也确保农村居民获得医疗救助的权利。

（二）要加大农村医疗救助资金投入力度，拓宽农村医疗救助筹资渠道

目前我国的公共财政政策还欠完善，尽管国家对社会保障的投入不论是总值还是比值都在逐年扩大，然而不用与发达、中等发达国家相比，就是与其他发展中国家相比也仍然存在着较大差距。当前我国政府社会保障投入主要集中在社会保险方面，并且主要还是用于农村最低生活保障制度（这也是农村低保的覆盖率相对医疗救助的救助率较高的重要原因），这就使得对农村医疗救助的投入非常低，农村医疗救助资金非常有限。农村医疗救助的资金主要来源于市县两级财政，而县是一个行政级别相对比较低的基层政府，财政能力十分有限（特别是中西部地区的一些国家级、省级贫困县更是如此）。显然，这种过多地依赖基层政府提供资金的筹资模式，容易使基层政府把农村医疗救助看作财政包袱，导致其实施农村医疗救助的积极性不高、动力不足（调查中我们也明显感觉到这一情况），最终可能使得农村医疗救助流于形式而名存实亡。因此，需要中央财政加大对医疗救助的投入，要在不断调整公共财政支出结构的同时加快对社会保障的转移支付。

经济社会发展的实践证明卫生行业中提高人群健康水平和社会经济效益最好的服务是基本卫生服务、预防保健和健康教育等，而这些都属于准公共产品和公共产品的领域，无论是从促进经济发展还是从促进社会和谐有序的角度来讲，政府财政应给予部分支持或

者进行全额支助。卢森堡收入研究所拥有九个发达国家关于这一方面的数据，其数据表明：在一个国家中，处于收入底层的家庭中，70%的家庭成员收入占总收入的比重越高，出生时的可期望寿命就越高，二者呈显著的正相关关系。Wilkinson的另一组数据也揭示了同样的道理：1975~1985年，在欧洲，各国贫困人口的比例越低，人口的期望寿命就越高，贫困人口比例的变化同人口期望寿命的变化之间呈现着显著的负相关关系。从中我们可以得出，帮助低收入者改善健康状况是有效提高人们健康水平的重要手段。所以，应该最大限度地利用好有限的公共财政资源，将其用于资助能提高人们健康水平的医疗救助项目，使其最大限度地实现社会效益。

社会捐助与慈善事业也是医疗救助基金的重要来源。因此，在政府加大对医疗救助资金投入的同时，还应该大力发展慈善事业，使其成为一种拓展社会医疗救助资金来源的主要途径。要充分发挥非政府组织和非营利组织在社会事务中的作用，要通过大力发展社会福利团体和慈善机构，发动国内外社会各界捐助建立医疗救助基金，作为政府财政投入的有益补充。同时还要通过制定相关法规和政策，通过当地发行社会福利彩票，筹集福利费用并从中抽取一部分费用作为医疗救助资金。

(三) 要扩大农村医疗救助覆盖面，提高农村医疗救助水平

笔者认为，扩大农村医疗救助的覆盖面应以乡镇卫生服务为基础，来扩大医疗救助的覆盖面，主要应从两个方面入手：首先，完善乡镇卫生服务功能，建起因病致贫、因病返贫的"防火墙"；其次，健全乡镇卫生服务网络，使弱势群体的医疗救助方便、可及。以乡镇卫生服务为基础的医疗救助，可以充分发挥社会资源的力量，而且管理成本相对较低，便于系统管理，从而使对贫困人口的医疗救助规范、有序地进行。

提高农村医疗救助水平要注意处理好以下两个方面的问题。第一，必须从思想观念上真正认识到预防的重要性。因为在目前医疗救助资源有限的情况下，预防已经被证实为最有效、最经济的措施。然而困难在于，国家第三次卫生服务调查显示：目前我国人均住院费用为4178元，农村最高的低保标准为344元。当前我国农村医疗救助的主要方式有三种：事前支付、事中支付和事后支付。事前支付基本门诊医疗费或减免费用，事后向救助对象支付补助金，并且事前和事中支付的是小额费用，事后支付的主要是"大病"补助金。这就意味着救助对象范围之内的低保患者一旦生病住院，他们为接受治疗需垫付的治疗费将等于甚至超出他们一年的收入。在这样的情形下，有些低保患者常常因考虑个人或家庭的生存而选择延误或放弃治疗。可想而知，病后报销的方式对于处于贫困状态的人群来说，是难以体现其救助价值的。因此，针对不同的救助对象必须采取不同的医疗救助方式。第二，在经济转轨时期，因为贫困人口的形成原因不同，其优先需要的卫生保健服务也会有差别，因此，必须因人而异地开展救助服务，而不能对有不同需要的个体提供统一不变的救助内容。所以，要通过科学的调查，将救助对象进行分类，而后根据类别分类提高各类救助对象的医疗救助水平。

（四）设立专门的医疗救助管理机构，实行多部门协同合作的医疗救助管理体制

民政部门作为管理农村医疗救助的牵头部门，必须与总工会、慈善机构、劳动和社会保障部等协商处理好医疗救助、医疗保险、医疗互助、慈善救助等的相互衔接，必须与财政部门对救助资金的预算金额进行妥善协调，必须与卫生部门对救助内容、救助标准进行合理设置。医疗救助范围非常广泛，包括劳动、民政、卫生、财

政、监察、总工会、社会保障及慈善机构等多个部门。因此，必须尽快建立全国性的专门机构，负责医疗救助政策的实施和管理，在财政预算中将医疗救助资金单项列出，并实行中央政府和地方政府分级管理的体制。中央财政应是医疗救助款项的主要支付者，并在统一计划下负有对地方政府在使用此项专款时进行监督的职责。当然，地方政府除对中央负责外，还需接受同级人民代表大会及其常务委员会的监督。

三 农村临时救助制度的改革设想

临时生活救助制度是对因临时性、突发性等特殊原因造成基本生活出现暂时困难的低收入家庭给予非定期、非定量生活救助的一种制度。它是对城乡最低生活保障制度以及其他专项救助制度的有效补充。临时救助制度在保障城乡困难群众的基本生活，缓解他们的特殊困难方面有着重要的作用。从一定意义上来讲，临时救助制度的完善程度更能体现一个社会救助的整体水平。针对目前农村临时救助出现的救助面窄、救助对象瞄准率偏低、救助标准过低和管理体制不健全等方面的不足，应该从以下几个方面去完善。

（一）积极改革，构建政府主导、民政主管、部门协作、社会参与的长效临时救助机制

临时救助是一项综合性的社会救助配套工程，要增强救助质量，提升救助效果，必须要求政府各个部门协调运作，齐抓共管。为此，第一要发挥政府主导作用，建立统一管理的领导机制。政府充分发挥其协调、统一部署的功能，形成强有力的领导机制。第二要发挥民政的主管职能，完善各部门相互配合的协作机制。在具体工作中，要充分发挥民政主管职能，加强与各部门、各单位的协调与配合，确保临时救助政策的顺畅衔接，形成齐抓共管的领导体制

和条块结合的网络，有效推进临时救助制度的整体落实。第三要严格监督机制，确保救助资金落到实处。临时救助制度的实施，主要是要确保因各种特殊原因而造成生活困难的群众，在基本生活上能得到及时照顾。因此，在救助过程中，必须坚持"公开、公平、公正"的原则，确保救助对象准确、程序规范、资金及时落实。民政、财政、审计、纪检监察等部门要加强联合检查监督，同时要构建畅通的监督机制。

(二) 创新管理，构建科学有效的临时救助运作机制

农村临时救助要树立以人为本、为民解困的理念，构建起管理规范化、审批程序化、发放社会化、监督经常化的科学有效的困难群众临时救助运作机制。为此，第一要规范临时救助对象、救助程序和救助标准，做到救助有据可依。为减少随意救助、重复救助、遗漏救助现象，最大限度地提高救助资源的效能，必须科学合理地确定临时救助对象的范围认定、救助标准和救助程序，做到依规办事，提高救助对象的瞄准率。第二要实施分类管理，建立规范有序的科学运作模式。要根据不同对象的具体情况实施分类救助，对各类救助对象进行分类申报，分类存档，使救助认定更加准确，资金发放更加合理，救助效果更加公正，提高临时救助的针对性。第三要不断更新理念，构建一支高素质的救助工作者队伍。毛泽东曾说："制度确定之后，关键就靠干部。"社会救助制度也是一样，最后落实与执行都得靠工作人员。社会救助工作成效在很大程度上取决于社会救助工作者的素质。当前我国的社会救助工作，不论是最低生活保障、医疗救助还是临时救助都是由民政部门牵头负责，在三个样本地区的调查中我们都感觉到了社会救助工作存在不足（虽然程度有别）。一是人员严重不足（特别是专业人员更是稀少），专项工作缺乏专门负责人（低保相对好些，医疗救助和临时救助基

本上没有专门责任人)。二是工作人员工作理念陈旧、整体素质偏低。调查中我们发现有相当一部分工作人员还是以"救世主"自居,缺乏服务意识和人文关怀,对救助对象缺乏"助"之情怀。三是工作缺乏开拓创新精神,积极性不高。调查中我们了解到工作人员中"多一事不如少一事"的观念相当盛行,这导致整个队伍的工作作风欠佳,积极性不够。针对这种现象,我们认为社会救助工作队伍可借鉴社会工作的理念,加强对已有工作人员的相关专业技能培训,不断提高整个队伍的综合素质,确保社会救助工作和有效开展。

(三) 拓宽渠道,构建科学有效的临时救助筹资机制

当前临时救助资金主要通过政府财政预算、福利彩票公益金、社会捐赠等渠道筹集。这些资金来源渠道的困难在于:作为一项刚实施不久的政策,临时救助筹资渠道比较单一,同时各级政府对临时救助也缺乏明确的量化要求。因此,在实际工作中,各级政府对临时救助工作的积极性和热情不高,有些财政困难地区的政府甚至把临时救助当成一种负担,这势必导致临时救助资金紧缺。因此,在强化政府在临时救助资金筹集中的主要责任的同时,必须想方设法拓展临时救助资金的筹集渠道,构建科学有效的临时救助资金筹资机制,这样才能确保农村临时救助政策目标的达成,使其真正起到救急之用,进而促使农村临时救助能持续发展。

(四) 拓展内容,构建切实可行的临时救助工作模式

当前,农村临时社会救助主要采取现金支付的形式。从我们调查的情况来看,农村居民普遍反映临时社会救助的方式太单一,没有较好地考虑不同的受助对象的不同特征从而尽可能地满足不同群体的要求,这影响了临时救助的实施效果。为切实解决困难群众的临时困难,他们认为政府在加大财政支持力度的同时,应着重从为

临时救助对象提供就业机会和为临时救助对象提供教育培训机会等方面入手，提升救助对象的发展能力，助其自助。鉴于当前农村临时救助的现状，根据阿马蒂亚·森的能力福利理论的观点——理想的社会救助实行具有"选择性"和"瞄准性"，既能保障救助对象的生存，使其维持现状，又能促进其摆脱现状求得发展。为此，第一，要将临时社会救助的目标从克服收入贫困向克服收入贫困和消除能力贫困相结合，丰富、拓展临时社会救助的内容和形式，将救助与发展相结合，提升救助对象的社会参与能力和自我发展的能力。第二，实行"专项救助"方式，加强临时救助的针对性，切实提高临时救助的实效。根据救助对象困难的性质以及救助对象自身的状况，可对其进行分类实施和专项救助，例如，根据救助对象困难的性质可实行专门针对自然灾害、意外事故等的救助，针对贫困家庭子女上学困难提供救助等；根据救助对象自身的状况可实行实物救助、现金救助、技能培训、就业指导等，使临时救助能更好地适应并满足不同群体的需求。

参考文献

[1] Dianmond P. A. "Framework for Social Security Analysis", *Journal of Public Economics*, 1997, 60 (5): 48.

[2] 周彬彬:《向贫困挑战:国外缓解贫困的理论与实践》,人民出版社,1991。

[3] 孙立平:《中国新时期阶级阶层报告》,辽宁人民出版社,1995。

[4] Carol Walker. *Managing Poverty: the Limits of Social Assistance*. London: Routledge Press, 1993, 162.

[5]《马克思恩格斯选集》(第1卷),人民出版社,1995。

[6] Townsend P. *The International Analysis of Poverty*. London: Harvester Wheasthdaf, 1993.

[7] Rowntree S. *Poverty Study of Town Life*. London: Macmillan, 1901.

[8] Barro R. Are Government Bonds Net Wealth. *Journal of Political Economy*, 1994, 50 (25).

[9] David Kelley. *A life One's Own: Individual Rights and the Welfare State*. Washington: Cato Institute, 1998, 57.

[10]〔印〕阿马蒂亚·森:《贫困与饥荒——论权利与剥夺》,商务印书馆,2001。

[11] James Griffin. *Welfare Rights in Rights Equality and Liberty*, Edited by Guido Princione and Horacio Spector. Kluwer: Academic Publishers, 2000.

[12] Atkinson, Vgikle wright J. *Turning the Benefits for the Unemployed.* London: Oxford OUP. 1989, 420.

[13] Eardley. *Social Assistance in OECD Countries: Synthesis Report.* London: HMSO, 1996, 243.

[14] OECD. *The Battle against Exclusion: Social Assistance in Autralian, Finland, Sweden and the United Kingdom.* Paris: Public Press, 1998, 123.

[15] Saraceno. *Social Assistance Dynamics in Europe: National and Local Poverty.* UK: Policy Press, 2002, 236.

[16] Subbarao K, Jeanine B, Graham C. *Safety Net Programs and Poverty Reduction: Lessons from Cross Country Experience.* London: Ampersand Ltd, 1997, 318.

[17] 顾俊礼:《福利国家论析》,经济管理出版社,2002。

[18] Swenson Perter. Labor and the Limits of the Welfare State. *Journal of Comparative Politics*, 1998, 40 (6): 193.

[19] 彭华民:《社会保障政策概论》,高等教育出版社,2004。

[20] Arrow Henry J. *Economic Effects of Social Security.* Washington: the Brooking Institution, 1982, 290.

[21] North D C. *Institutional Change and Economic Performance.* Cambridge: Cambridge University Press, 1990, 93.

[22] Borch K, *the Mathematical Theory of Insurance.* Baltimore: the Johns Hopkins University Press, 1974, 152.

[23] Feldstein, Martin S. Social Security and Private Savings: Interna-

tional Evidence in an Extended Life cycle Model. *Journal of the Economics of Public Services.* 1997, 30 (6): 213 – 215.

[24] 林义:《农村社会保障国际比较及启示研究》, 中国劳动社会保障出版社, 2006。

[25] 威廉姆·H. 怀特科、罗纳德·C. 费德里:《当今世界的社会福利》, 法律出版社, 2003。

[26] 谢圣远:《社会保障发展史》, 经济管理出版社, 2007。

[27] 沈红:《经济学和社会学: 判定贫困的理论》,《开发研究》1992 年第 3 期。

[28] 曾娟红、龙卓舟:《农村社会救济体系构想》,《求索》2005 年第 8 期。

[29] 邹文开:《农村社会救助模式的不同选择》,《理论月刊》2004 年第 4 期。

[30] 冯招容:《弱势群体的制度因素分析》,《当代经济研究》2002 年第 7 期。

[31] 柳拯:《当代中国社会救助与实务研究》, 中国社会出版社, 2005。

[32] 龙卓舟:《农村社会救济体系的构建》,《财贸研究》2004 年第 4 期。

[33] 陈成文、许一波:《从构建和谐社会看建立新型农村社会救助体系》,《湖南师范大学社会科学学报》2006 年第 1 期。

[34] 洪大用、房莉杰、邱晓庆:《困境与出路: 后集体时代农村五保供养工作研究》,《中国人民大学学报》2004 年第 1 期。

[35] 李珍:《中国过渡期社会保障的政策选择分析》,《华中科技大学学报》(社会科学版) 2003 年第 6 期。

[36] 邹文开:《农村社会救助模式的不同选择》,《理论月刊》

2004 年第 4 期。

[37] 郑杭生：《社会实践结构性巨变下的社会矛盾》，《探索与争鸣》2006 年第 12 期。

[38] 马斌：《农村居民最低生活保障制度的发展现状与对策》，《湖北社会科学》2002 年第 6 期。

[39] 时正新：《我国农村社会救助体系建设的几个问题》，《中国民政》2004 年第 1 期。

[40] 王思斌：《农村社会保障制度建设的政策过程分析》，《文史博览》2005 年第 22 期。

[41] 李强：《应用社会学》，中国人民大学出版社，2004。

[42] 柳拯：《关于构建农村社会救助体系的思考》，《社会福利》2004 年第 7 期。

[43] 雷承佐：《社会救助政策的问题研究与思考》，《中国民政》2004 年第 7 期。

[44] 吴玲、施国庆：《我国最低生活保障制度的伦理缺陷》，《南京师大学报》（社会科学版）2005 年第 3 期。

[45] 张时飞、唐钧：《积极推进农村低保制度建设》，《红旗文稿》2006 年第 12 期。

[46] 高灵芝：《试论农村社会保障制度的框架建设》，《山东社会科学》2003 年第 4 期。

[47] 柳拯：《当代中国社会救助政策与实务研究》，中国社会出版社，2005。

[48] 陆迁：《建立农村最低生活保障制度的几个问题》，《乡镇经济》2003 年第 7 期。

[49] 阁宗银：《试论完善我国的社会救助制度》，《宁夏社会科学》2000 年第 6 期。

[50] 雷洁琼、王思斌:《中国社会保障体系的建构》,山西人民出版社,1999。

[51] 余知鹤:《按社会保障目标建立农村社会救助体系》,《社会福利》2003年第4期。

[52] 徐滇庆、尹尊声:《中国社会保障体制改革》,经济科学出版社,1999。

[53] 方青:《论我国社会救助制度的改革》,《安徽师范大学学报》(人文社会科学版)1999年第4期。

[54] 金丽馥:《我国农村社会保障制度的现状与路径选择》,《安徽农业科学》2005年第4期。

[55] 吕学静:《各国社会保障制度》,经济管理出版社,2001。

[56] 刘楠:《河南省农村最低生活保障制度建设问题研究》,《焦作大学学报》2005年第2期。

[57] 李迎生:《论政府在农村社会保障制度建设中的角色》,《社会科学研究》2005年第4期。

[58] 阎宗银:《社会福利与弱势群体》,中国社会科学出版社,2002。

[59] 杨刚:《中国农村社会救助政策的框架性思考》,《江苏社会科学》2004年第6期。

[60] 钱亚仙:《论政府是构建农村社会保障制度的责任主体》,《岭南学刊》2006年第6期。

[61] 张学英:《政府在构建农村社会保障制度中的职能定位》,《经济体制改革》2004年第4期。

[62] 何金颖:《社会保障中的政府责任》,《中国软科学》2004年第8期。

[63] 王思斌:《社会转型中的弱势群体》,《中国党政干部论坛》2002年第3期。

［64］ OECD. Evaluation and Poverty Reduction Proceedings from a World Bank Conference. London，1987，205.

［65］ 关信平：《论我国农村社会救助制度的目标、原则及模式选择》，《华东师范大学学报》（哲学社会科学版）2006年第6期。

［66］ 钟仁耀：《社会救助与社会福利》，上海财经大学出版社，2005。

［67］ 黄明德：《城镇贫困人口社会救助的分析》，《人口研究》1998年第2期。

［68］ 曹立前：《社会救助与社会福利》，中国海洋大学出版社，2006。

［69］ 陈良瑾：《中国社会工作百科全书》，中国社会科学出版社，1994。

［70］ 〔荷〕汉斯·范登·德尔：《民主与福利经济》，中国社会科学出版社，1999。

［71］ 刘兆兴：《德国社会法典》，社会科学文献出版社，1995。

［72］ Bgisten. The circular migration of smallholders in Kenya. *Journal of African Economics*，1996，60（3）：205.

［73］ 齐海鹏、金双华、刘明慧：《社会保障》，东北财经大学出版社，2000。

［74］ 时正新、廖鸿：《中国社会救助体系研究》，中国社会科学出版社，2002。

［75］ 唐均：《社会救助的历史演进》，《时事报告》2004年第3期。

［76］ 洪大用：《转型时期中国社会救助》，辽宁教育出版社，2004。

［77］ 郑功成：《社会保障概论》，复旦大学出版社，2005。

［78］ 汪雁：《中国传统社会救济与城市居民社会救助理念建设》，《理论与现代化》2001年第6期。

［79］ 陈桦、刘宗志：《救灾与济贫 中国封建时代的社会救助活

动》，中国人民大学出版社，2005。

[80] 史探径：《社会保障法研究》，法律出版社，2000。

[81] 唐钧：《市场经济与社会保障》，黑龙江人民出版社，1995。

[82] Lutz Leisering, Stephan Leibfried. *Time and Poverty in Western Welfare States: United Germany in Perspective.* Cambridge: Cambridge University Press, 1999, 59.

[83] 郭书田、刘纯彬：《失衡的中国》，河北人民出版社，1990。

[84] Rowntree S. *Poverty Study of Town Life.* London: Macmillan, 1901, 310 - 315.

[85] Townsend P. *The International Analysis of Poverty.* London: Harvester Wheasthdaf, 1993, 209.

[86] OECD. Evaluation and Poverty Reduction Proceedings from a World Bank Conference. London, 2000, 146.

[87] 陈银娥：《社会福利》，中国人民大学出版社，2004。

[88] 国家统计局农调总队：《中国农村贫困标准研究报告》，《中国统计》1997年第4期。

[89] 原华荣：《生产性贫困与社会性贫困》，《社会学研究》1990年第6期。

[90] Ulrich Beck. *Risk Society: Toward a New Modernity*, London: Sage Publications, 1992, 325.

[91] 刘小枫：《现代性社会理论》，上海三联书店，1998。

[92] 胡鞍钢、王磊：《社会转型风险的衡量方法与经验研究》，《管理世界》2006年第6期。

[93] 〔英〕安东尼·吉登斯、〔英〕克里斯多弗·皮尔森：《现代性——吉登斯访谈录》，新华出版社，2001。

[94] Frank Fischer, Ulrich Beck. Politics of the Risk Society: the En-

vironmental Threat as Institutional Crisis. *Journal of Organization and Environment*, 1998, 70 (4): 115.

[95] 孙嘉奇:《民生主义意识形态与现行社会救助政策之研究》,台北:中正书局,1992。

[96] 贝克:《世界风险社会》,南京大学出版社,2004。

[97] 王卫平:《社会救助学》,群言出版社,2007。

[98] 〔英〕安东尼·吉登斯:《现代性的后果》,译林出版社,2000。

[99] Caplan G. *The Family as A Support System in Support System and Mutual Help: Multidisciplinary Explorations*. New York: Grune Stratton, 1974, 197.

[100] Turner R J, Frankle G, Levin D. Social Support: Conceptualization, Measurement and Implication for Mental Health. *Journal of Research in Community and Mental Health*, 1983, 50 (7): 502 – 503.

[101] 邱海雄:《社会支持结构的转变:从一元到多元》,《社会学研究》1998年第4期。

[102] 林南:《社会支持、生活事件与抑郁》,人民出版社,1986。

[103] 李强:《社会支持与个体心理健康》,《天津社会科学》1998年第1期。

[104] 陈成文:《社会弱者论—体制转换时期社会弱者的生活状况与社会支持》,时事出版社,2000。

[105] 蔡禾等:《城市居民和郊区农村居民寻求社会援助的社会关系意向比较》,《社会学研究》1997年第6期。

[106] Barrera M, Ainlay S L. The Structure of Social Support: A Conceptual and Empirical Analysis. *Journal of Community Psychology*, 1983, (48) 5: 211.

［107］Cohen S, Wills T. *A Stress Social Support and the Buffering Hypothesis*. Psychological Bulletin. USA：Westview Press, 1985, 357.

［108］肖水源：《社会支持对身心健康的影响》,《中国心理卫生杂志》1987年第4期。

［109］程虹娟、张春和、龚永辉：《大学生社会支持的研究综述》,《成都理工大学学报》（社会科学版）2004年第1期。

［110］郑杭生：《转型中的中国社会与中国社会的转型》,首都师范大学出版社，1996。

［111］陈成文、喻名峰：《论社会保障与社会支持》,《湖南轻工业高等专科学校学报》2000年第1期。

［112］李强：《社会分层与小康社会》,《北京师范大学学报》2003年第2期。

［113］徐元玲：《风险的社会理论学说》,北京出版社，2005。

［114］皮埃尔·布迪厄：《经济的社会结构》,巴黎：Seuil出版社，2000。

［115］崔凤、张海东：《社会分化过程中的弱势群体及其政策选择》,《吉林大学社会科学学报》2003年第3期。

［116］Esping Anderson. *Welfare States in Transition*. SAGE Publications, 1992, 257.

［117］刘祖云：《论社会流动的基本类型及社会意义》,《社会科学研究》1991年第2期。

［118］王全兴、樊启荣：《可持续发展立法初探》,《法商研究》1998年第3期。

［119］汪忠明：《WTO与弱势群体扶助》,《国外财经》2001年第4期。

［120］刘燕生：《社会保障的起源、发展和道路选择》,法律出版

社，2001。

[121] 卢现祥：《新制度经济学》，武汉大学出版社，2004。

[122] 曾昭宁：《公平与效率》，石油大学出版社，1994。

[123] 穆怀中：《社会保障国际比较》，中国劳动社会保障出版社，2002。

[124] 卢现祥：《新制度经济学》，武汉大学出版社，2004。

[125] 奚从清：《社会调查理论与方法》，浙江大学出版社，1992。

[126] 郑方辉、张文方、李文彬：《中国地方政府整体绩效评价：理论方法与广东试验》，中国经济出版社，2008。

[127] 刘喜堂：《建国60年来我国社会救助发展历程与制度变迁》，《华中师范大学学报》（人文社会科学版）2010年第7期。

[128] 《2007中国民政统计年鉴》，中国统计出版社，2007。

[129] 杜乐勋：《中国卫生总费用核算结果和分析》，《经济学家》2004年第5期。

[130] 王有捐：《对城市居民最低生活保障政策执行情况的评价》，《统计研究》2006年第10期。

[131] 张时飞、唐钧：《河北两省农村低保制度研究报告》，《东岳论丛》2007年第1期。

[132] 李春根：《农村低保制度的调研和思考——基于江西省农村低保对象的数据》，《江西财政大学学报》2010年第3期。

[133] 郑杭生：《中国人民大学中国社会发展研究报告》，中国人民大学出版社，2003。

[134] 李小华：《医疗救助的内涵特点与实质》，《卫生经济研究》2005年第7期。

[135] 蔡社文：《我国社会保障支出水平分析》，《预算管理会计月

刊》2004年第7期。

［136］王军锋：《新农村建设与农村社会救助制度困境及其消解——甘肃省的实证分析》，《农村经济》2006年第5期。

附录　新型农村社会救助制度实施效果调查问卷

农民朋友：

　　您好！为了解新型农村社会救助制度的实施情况，以及民众对新型农村社会救助制度的看法，我们组织了这次调查活动。经过严格的科学抽样，我们选中了您作为调查对象。您的合作对我们了解有关信息和制定社会政策，具有十分重要的意义。问卷中问题的回答，没有对错之分，请您如实回答每一个问题，对于您的回答，我们将按照《统计法》的规定，严格保密，并且只用于统计分析，请您不要有任何顾虑。谢谢您的合作。

A　基本情况

A1　性别　　　　1. 男　　2. 女

A2　您的年龄_____岁。

A3　从上小学开始算起，您一共受过多少年的学校教育呢？_____年

A4　您的政治面貌

1. 党员　　2. 团员　　3. 民主党派　　4. 群众

A5　您的身体健康状况

1. 非常不健康　　　　2. 不健康　　　　　3. 一般

4. 比较健康　　　　　5. 非常健康

A6 您的婚姻状况是

1. 未结过婚　　　　　2. 初婚　　　　　　3. 离婚未再婚

4. 离婚后再婚　　　　5. 丧偶未再婚　　　6. 丧偶后再婚

A7 您家有_____口人。

A8 您家去年年人均收入是_____元。

A9 您家去年年人均收入在当地（您所在的村民小组）处于_____水平。

1. 下等　　　　　　　2. 中下　　　　　　3. 中等

4. 中上　　　　　　　5. 上等

B　最低生活保障制度实施情况

B1 您对农村低保制度了解多少？

1. 非常了解　　　　　2. 比较了解　　　　3. 了解较少

4. 一点都不了解

B2 您对农村低保制度的了解主要是通过什么途径？

1. 村组干部宣传　　　2. 与村里人交谈　　3. 与亲戚朋友交流

4. 电视、广播、报纸、网络等

B3 您是低保对象吗？

1. 是　　　　　　　　2. 不是

B4 您所在的村民小组有多少贫困但未受资助的村民？

1. 很多　　　　　　　2. 较多　　　　　　3. 部分

4. 极少　　　　　　　5. 完全没有

B5 您所在的村民小组保障、资助对象是否确实存在困难？

1. 不存在　　　　　　2. 少数存在　　　　3. 一半存在

4. 大部分存在　　　　5. 都存在

B6 您所在的村民小组低保补助的标准是每年_____元

B7 您认为低保补助金能满足基本生活需要吗？

1. 完全能　　　　　　2. 基本能　　　　　　3. 不能

B8 最低生活保障对象是如何确定的？

1. 村组干部指定　　　2. 村民投票　　　　　3. 村民代表投票

4. 其他方式_____

B9 低保资金发放是否公开透明？

1. 是　　　　　　　　2. 否　　　　　　　　3. 不清楚

B10 低保资金发放过程是否存在违规操作？

1. 是　　　　　　　　2. 否　　　　　　　　3. 不清楚

B11 低保工作中是否有监督机制和举报途径？

1. 是　　　　　　　　2. 否　　　　　　　　3. 不清楚

B12 除发放最低生活保障金外，当地（尤其是村里）是否采取其他措施帮助生活困难群众？

1. 是　　　　　　　　2. 否　　　　　　　　3. 不清楚

B13 您对当前农村最低生活保障制度

1. 非常满意　　　　　2. 满意　　　　　　　3. 基本满意

4. 不太满意　　　　　5. 很不满意

B14 您认为当前农村最低生活保障制度对解决贫困群众困难的作用

1. 很大　　　　　　　2. 较大　　　　　　　3. 一般

4. 没什么作用　　　　5. 完全没有用

B15 您认为当前农村最低生活保障制度存在的最突出的问题是

1. 经费短缺，保障和救助水平低　　2. 覆盖面窄

3. 缺乏制度保证　　　　　　　　　4. 保障和救助对象确定手续复杂

5. 下级部门执行不力　　　　　　　6. 其他_____

B16 为切实保障困难群众的基本生活，您认为政府还应该做哪些工作？（多选，按重要性排序）

1. 加大财政支持力度　　　　　2. 健全农村低保法规制度
3. 为低保对象提供就业机会　　4. 为低保对象提供教育培训机会
5. 为低保对象提供精神抚慰
6. 加强对农村低保相关机构工作的规范、约束和监督

C　医疗救助制度实施情况

C1a 您是否参加了新型农村合作医疗？

1. 参加了（跳答 C2）　　　　2. 没有参加（回答 C1b 后跳答 C5）
3. 准备参加（回答 C1b 后跳答 C5）
4. 目前没有计划（回答 C1b 后跳答 C5）

C1b 没有参加的原因是

1. 费用太高，交不起　　　　　2. 对新农合不太了解
3. 报销水平低，保障力度弱　　4. 担心医疗服务提供不到位
5. 健康状况良好　　　　　　　6. 其他（请注明）_____

C2 您对目前的新型合作医疗运行情况满意吗？

1. 很满意　　　　　2. 满意　　　　　3. 基本满意
4. 不满意　　　　　5. 很不满意

C3 您对新农村合作医疗的报销比例满意吗？

1. 很满意　　　　　2. 满意　　　　　3. 基本满意
4. 不满意　　　　　5. 很不满意

C4 您从参加新农村合作医疗到现在得到过补偿吗？

1. 得到过　　　　　2. 没有得到过

C5 您认为参与新型农村合作医疗能满足农民的基本医疗需求吗？

1. 完全可以　　　　2. 基本可以　　　　3. 不太能
4. 完全不能　　　　5. 不知道

C6 您认为目前农村居民所缴纳的合作医疗保险费（20元）：

1. 非常高　　　　　2. 比较高　　　　　3. 一般

4. 比较低　　　　　　　5. 非常低

C7 您愿意参与新型农村合作医疗吗？

1. 非常愿意　　　　　2. 愿意　　　　　　　3. 无所谓

4. 不太愿意　　　　　5. 完全不愿意

C8 您认为哪个年龄段的农村居民会最积极参与新型农村合作医疗？

1. 0－20 岁　　　　　2. 21－40 岁　　　　3. 41－60 岁

4. 61 岁以上

C9 过去一年您家在看病上的花销大约是多少？

1. ＜500 元　　　　　2. 500－1000 元　　　3. 1000－2000 元

4. 2000－4000 元　　　5. 4000－8000 元　　　6. 8000 元以上

C10 您认为农民参与新型农村合作医疗：

1. 可以减轻农民的疾病负担　　2. 提高农民的生活质量

3. 分散政府的责任风险　　　　4. 没什么作用

C11 您认为当前的新型农村合作医疗制度面临的问题主要是：

1. 以保大病为主，保障范围窄

2. 农民参与积极性低，资金筹措困难

3. 乡镇卫生院利用率低，医疗机构供给相对过剩

4. 报销比例与封顶线偏低，医药费用报销机制不健全

5. 其他（请注明）＿＿＿＿＿＿＿＿

C12 您认为推进新型农村合作医疗制度改革，政府需要：

1. 确定合理的筹资水平，完善筹资渠道

2. 降低起付线，适当提高封顶线，建立大病补充医疗保险机制

3. 完善医药费用报销机制

4. 扩大补偿疾病的种类

5. 加强对医疗资金的管理

6. 其他（请注明）＿＿＿＿＿＿＿＿

C13 您对农村医疗救助制度了解多少？

1. 非常了解　　　　2. 比较了解　　　　3. 了解较少

4. 一点都不了解

C14 您对农村医疗救助制度的了解主要是通过什么途径？

1. 村组干部宣传　　2. 与村里人交谈　　3. 与亲戚朋友交流

4. 电视、广播、报纸、网络等

C15 您认为特困群体参与新型农村合作医疗保险，应当：

1. 完全由政府承担　　2. 完全由个人承担

3. 政府承担大部分，个人承担小部分

4. 个人承担大部分，政府承担小部分

C16 当地政府有没有为特困群体参与新型农村合作医疗保险提供资助

1. 有　　　　　　　2. 没有（跳答C19）

C17 这些资助对象是如何确定的？

1. 村组干部指定　　2. 村民投票　　　　3. 村民代表投票

4. 其他方式＿＿＿＿

C18 这些资助对象名单是否经过公示？

1. 是　　　　　　　2. 否

C19 除合作医疗外，你们村组里是否有人因生病受到当地政府提供的其他方面的资助

1. 有　　　　　　　2. 没有（C21）

C20 资助对象的名单及其资助金额是否公开透明？

1. 是　　　　　　　2. 否

C21 医疗救助工作中是否有监督机制和举报途径？

1. 是　　　　　　　2. 否　　　　　　　3. 不清楚

C22 您认为当前农村医疗救助制度对解决贫困群众就医难的作用

1. 很大　　　　　　2. 较大　　　　　　3. 一般

4. 没什么作用　　　5. 完全没有用

C23 您对当前农村医疗救助制度

1. 很满意 2. 满意 3. 基本满意

4. 不满意 5. 很不满意

D 临时救助制度实施情况

D1 您对临时救助制度了解多少？

1. 非常了解 2. 比较了解 3. 了解较少

4. 一点都不了解

D2 您对临时救助制度的了解主要是通过什么途径？

1. 村组干部宣传 2. 与村里人交谈 3. 与亲戚朋友交流

4. 电视、广播、报纸、网络等

D3 您是否申请过临时救助？

1. 是 2. 否

D4 您所在的村组是否有人接受过临时救助？

1. 有 2. 没有（跳答 D9）

D5 您所在的村组受资助对象是否确实存在困难

1. 都不存在 2. 极少数存在 3. 少部分存在

4. 大部分存在 5. 都存在

D6 资助对象是否会公示？

1. 是 2. 否

D7 资金发放是否公开透明？

1. 是 2. 否 3. 不清楚

D8 资金发放过程是否存在违规操作？

1. 是 2. 否 3. 不清楚

D9 临时救助工作中是否有监督机制和举报途径？

1. 是 2. 否 3. 不清楚

D10 您对当前农村临时救助制度

1. 非常满意 2. 满意 3. 基本满意

4. 不太满意　　　　　5. 很不满意

D11 您认为当前农村临时救助制度对解决贫困群众困难的作用

1. 很大　　　　　2. 较大　　　　　3. 一般

4. 没什么作用　　　5. 完全没有用

D12 您认为当前农村临时救助制度存在的最突出的问题是

1. 经费短缺，保障和救助水平低　　2. 覆盖面窄

3. 缺乏制度保证　　　　　　　　　4. 保障和救助对象确定手续复杂

5. 下级部门执行不力　　　　　　　6. 其他_____

D13 为切实解决困难群众的临时困难，您认为政府还应该做哪些工作（多选，按重要性排序）

1. 加大财政支持力度　　　　　2. 健全农村临时救助法规制度

3. 为临时救助对象提供就业机会

4. 为临时救助对象提供教育培训机会

5. 为临时救助对象提供精神抚慰

6. 加强对相关机构工作的规范、约束和监督。

后 记

本书是我出版的第一本"专著",是我对社会救助制度研究成果的总结。本书的完成,凝聚了众多师长、同学及亲朋好友无微不至的关怀和热心的帮助,在本书即将出版之际,我要对他们表示衷心的感谢!

首先感谢我的博士生导师李松龄教授,恩师前沿而精髓的学术造诣及严谨勤奋的治学精神是我学习和科研工作的行为准则和座右铭;恩师对我的教诲与鞭策也将激励我在工作和生活的道路上积极进取,开拓创新。

感谢我的硕士生导师陈成文教授,他在百忙之中仍然十分关心我的工作和生活。从本书研究提纲的完善、调研工作的开展到初稿的写作,他都给予了我许多良好的建议。

感谢我任职单位的诸位领导和同事对本书出版的大力支持,他们是深圳市宝安区委常委、区委组织部部长、区委党校校长李勇,宝安区委党校常务副校长胡雨青,副校长刘新华、李新添,副调研员张学全、叶汉艺,培训科科长张丽,理论宣传科科长张志红,办公室主任王朝阳、副主任马卓珊等,在此一并表示衷心的感谢。

感谢我的父母和家人对我无私的奉献和支持，亲人的关心是我的精神支柱和前进动力。感谢我的女儿，每天一看到她那甜甜的笑容，我心中便流淌着一股幸福的暖流。感谢我的爱人，正是因为他的陪伴和支持，我才能快乐幸福地工作和生活。

最后还要感谢社会科学文献出版社的相关工作人员，他们为本书的出版付出了辛勤的劳动。

本书的研究参阅了大量的参考文献，在此要感谢本书所引用文献的所有作者，我的研究是建立在诸位学者和前辈的研究基础之上的。由于本人水平有限，书中不可避免还存在不少错误和纰漏，敬请各位专家学者批评指正。

刘　敏

2015 年 4 月 18 日

图书在版编目(CIP)数据

新型农村社会救助制度的实施效果评价研究/刘敏著.—北京:社会科学文献出版社,2015.6
 ISBN 978-7-5097-7411-3

Ⅰ.①新… Ⅱ.①刘… Ⅲ.①农村-社会救济-福利制度-研究-中国 Ⅳ.①D632.1

中国版本图书馆 CIP 数据核字(2015)第 082458 号

新型农村社会救助制度的实施效果评价研究

著　者 / 刘　敏

出 版 人 / 谢寿光
项目统筹 / 周　丽
责任编辑 / 林　尧

出	版 / 社会科学文献出版社·经济与管理出版分社(010)59367226
	地址:北京市北三环中路甲29号院华龙大厦　邮编:100029
	网址:www.ssap.com.cn
发	行 / 市场营销中心(010)59367081　59367090
	读者服务中心(010)59367028
印	装 / 三河市东方印刷有限公司
规	格 / 开本:787mm×1092mm　1/16
	印　张:11.75　字　数:145千字
版	次 / 2015年6月第1版　2015年6月第1次印刷
书	号 / ISBN 978-7-5097-7411-3
定	价 / 55.00元

本书如有破损、缺页、装订错误,请与本社读者服务中心联系更换

▲ 版权所有 翻印必究